寻访

济南传统村落

长清篇

姜波 等著

山东画报出版社
济南

图书在版编目（CIP）数据

寻访济南传统村落／姜波等著.—济南：山东
画报出版社，2024.3
ISBN 978-7-5474-4720-8

Ⅰ.①走… Ⅱ.①姜… Ⅲ.①村落—介绍—济
南 Ⅳ.①K928.5

中国国家版本馆CIP数据核字(2023)第256650号

XUNFANG JINAN CHUANTONG CUNLUO

寻访济南传统村落
姜波 等著

项目策划 秦 超
责任编辑 于 滢
装帧设计 李潇爽 许鑫泽 骆思宇

主管单位 山东出版传媒股份有限公司
出版发行 山东画报出版社
    社 址 济南市市中区舜耕路517号 邮编 250003
    电 话 总编室（0531）82098472
        市场部（0531）82098479
    网 址 http://www.hbcbs.com.cn
    电子信箱 hbcb@sdpress.com.cn
印 刷 济南新先锋彩印有限公司
规 格 185毫米×260毫米 16开
    65.75印张 1000千字
版 次 2024年3月第1版
印 次 2024年3月第1次印刷
书 号 ISBN 978-7-5474-4720-8
定 价 498.00元（全五册）

如有印装质量问题，请与出版社总编室联系更换。

编委会

总序

　　我国有着丰富多样的物质形态和非物质形态文化遗产的传统村落，这些村落承载着中华文明的悠久历史。然而，随着工业化和城镇化的快速发展，许多传统村落正在逐渐衰败甚至消失，具有鲜明建筑特色和深厚人文历史的传统村落保护已经变得刻不容缓。

　　在 2013 年的中央城镇化工作会议上，习近平总书记强调了保护传统村落的重要性，提出了让居民"望得见山、看得见水、记得住乡愁"。2014 年，住建部等四部委联合出台《关于切实加强中国传统村落保护的指导意见》，加大传统村落保护力度，实现传统村落可持续发展。近年来，山东省深入贯彻落实习近平总书记关于传统村落保护的重要指示批示精神，自 2020 年连续 4 年在省委一号文件中明确提出加强传统村落和传统民居保护，强化顶层设计，塑造齐鲁特色乡村风貌。

　　济南市住房和城乡建设局高度重视传统村落的保护工作，制定针对性政策支持申报和保护，并在积极挖掘整理济南市传统村落资源方面取得了显著成效。截至 2023 年，在公布的 6 批中国传统村落名录中，济南市共有 20 多个国家级传统村落和 40 多个省级传统村落，数量在全省各地市中名列前茅。

　　2018 年，济南市住房和城乡建设委员会专门成立了《走进济南传统村落》编撰委员会，邀请长年从事传统民居和传统村落研究工作的山东建筑大学姜波教授，承担丛书的主要撰写工作。2020 年，完成了《走进济南传统村落（一）》和《走进济南传统村落（二）》两本书作。这不仅是全国范围内对市级所拥有的国家级和省级优秀传统村落全面调研方面的首创，更是在全国传统村落保护中发挥了引领作用，为传统村落保护和传承发展提供了经验借鉴。

　　2022 年，济南市住房和城乡建设局重启传统村落的调研工作，继续邀请姜波教授承担该丛书的撰写任务。本次调研和撰写工作增加了寻访的村落数量，并在前两本书作的基础上极大地丰富了内容，调整了书作名称，以一种全新的面容呈现在读者面前。

　　我认为这套丛书有以下几方面意义：

　　一、有助于进一步加强对济南传统村落的保护与利用工作。

　　济南的优秀传统村落拥有悠久的历史，不仅保留了原有的建筑风貌，还遗存了大量的文物古迹，并具有独特民风民俗和深厚文化底蕴。因此，发现、保护和传承这些传统村落是当前及未来的重要任务。在前期对入选的国家级和省级优秀传统村落"一村一档案"基础上，济南市住房和城乡建设局又积极探索"传统村落+"模式，进一步促进传统村落的保护与利用。该丛书是对该局上述工作的强劲助力。

二、有助于提升济南的形象，树立独具特色的文化品牌。

济南拥有众多古朴、幽静的传统村落，这些村落具有深厚的历史文化积淀。

有效保护和利用传统村落，可以进一步提升济南文化形象，树立独特的城市文化品牌。这套丛书图文并茂地介绍了济南优秀传统村落，有助于加深人们对传统村落的了解，亦可为其历史文化找到承载体，唤起人们久远的记忆，增强人们的情感认同和文化认同。

三、这是发展乡村旅游产业的客观需要。

文化是旅游的灵魂，旅游是文化的载体。随着乡村旅游的不断发展，人们不再满足于对名山大川的观赏，而进一步延展至对优秀传统村落和历史文化遗产的寻访。2021年，济南市又正式启动了泉水普查工作，本套丛书亦有对古村名泉的记录，将村落和名泉的探访加入到传统村落的保护开发中，为乡村旅游注入更多的城市文化印迹。

四、可以留存与展示传统村落保护与传承工作状况。

近几年，山东省政府加大了传统村落保护和发展力度，对传统村落的连片整治、特色民居的生态保护等工作给予大力扶持。丛书的编写，正是对山东省传统村落保护和发展工作方面的留存与展示。

济南传统村落各具特色，底蕴深厚。作者不辞辛苦，通过大量的田野调查、文献研究等方式，从民俗学、历史学、建筑学、美学等不同角度，剖析其历史文化、村落格局、建筑特色、民俗非遗等，力求全面深刻、形象生动地展示其原始风貌，从而使丛书成为既具有历史传承价值，又具有宣传功能的精美读本，在展现丰富内涵和文化魅力的同时，进一步提升济南传统村落的知名度，并由此得到更多政府、学界和民间力量的关注。

住建部中国传统村落专家指导委员会副主任委员
清华大学建筑学院教授　

序言

　　传统村落是历史的凝结，是文化的本色，是情感的归依，是精神的家园，更是农耕文明不可再生的文化遗产，承载着乡村不灭的灵魂。

　　自 2012 年伊始，住房和城乡建设部、文化部、国家文物局、财政部四部、局联合启动了中国传统村落的调查、认定与保护工作，截至 2022 年 10 月，已开展了六批中国传统村落名录认定工作。按照国家要求，济南市深入开展传统村落的保护和利用工作，累计 24 个优秀传统村落入选国家级保护名录、49 个村落入选省级保护名录，成为发展乡村振兴的宝贵文化资源。对入选的传统村落，济南市住房和城乡建设局按照科学建档标准建立了"一村一档案"，同时积极探索新形势下传统村落保护与发展的新方式、新途径、新举措。2022 年，根据《财政部办公厅、住房和城乡建设部办公厅关于组织申报 2022 年传统村落集中连片保护利用示范的通知》《住房和城乡建设部、财政部关于做好 2022 年传统村落集中连片保护利用示范工作的通知》等有关要求，经济南市住房和城乡建设局全力推荐，章丘区成功入选"全国传统村落集中连片保护利用示范县（区）"，这开启了深入探索传统村落保护和发展模式、助力乡村振兴的新篇章。

　　目前，市住房城乡建设局会同山东建筑大学共同编撰的《走进济南传统村落》系列丛书，已出版了第一辑，第二、三、四辑也已集结成册。在《走进济南传统村落（三）》和《走进济南传统村落（四）》两本书中，我们又收录了 27 个优秀传统村落，以多角度、多学科的方式呈现村落的空间格局、典型传统建筑、民俗生活等内容。相较前两册书籍，每个村落又增加了航拍图、测绘图、手绘等，使书稿内容更加丰富充实。这 27 个村分别为：莱芜区茶业口镇中法山村、卧铺村、逯家岭村、上王庄村、潘家崖村、中茶业村，雪野街道娘娘庙村、吕祖泉村，和庄镇马杓湾村、青石关村；钢城区辛庄街道砟峪村、颜庄街道澜头村；章丘区官庄街道的朱家峪村，文祖街道的大寨村、东、西田广村、黄露泉村，普集街道的龙华村、于家村、袭家村，相公庄街道的十九郎村、梭庄村，曹范街道的叶亭山村，刁镇街道旧军村，双山街道的三涧溪村；长清区孝里街道南黄崖村、北黄崖村、岚峪村。这些传统村落各具特色，或以红色文化见长，或以泉水盛名，或以传说故事而独具魅力，都是宝贵的不可再生的文化资源。

　　传统村落的保护与传承是动态的，只有以用促保，才能增强传统村落保护发展的内生动力。随着传统村落保护工作的开展，很多传统村落焕发出新的生机。各村在挖掘整理村史、村志、建立村史馆、档案馆等基础上，着手优化乡村公共服务、改善人居环境和村民生活条件、发展乡村旅游，力争达到"农业强、农村美、农民富"的乡村建设要求。如南部山区西营街道黄鹿泉村、天晴峪村，在保护和修缮传统建筑的基础上，建立"孩子小镇"，打造特色民宿，不仅吸引了外出人员返乡就业，而且实现村民在家门口上岗工作，迈出传统村落活化利用的坚实一步；其他传统村落坚持在保护中发展、在发展中保护，盘活优化村落文化资源，让更多历史文化遗产活起来。

　　传统村落蕴藏着丰富的自然生态景观资源与历史文化信息。走进传统村落丛书均以大量的第一手田野考察资料为基础，甄选出一些人文形态完整、历史遗存丰厚的具有代表性的传统村落，力求传承优秀传统村落的乡韵风貌，记录泉城的青山绿水和美丽乡愁，为传统村落的有效保护、修复建设和发展等提供参考依据，为现代城乡规划、美丽乡村建设提供借鉴，为推动泉城乡村振兴、增强文化自信贡献力量。

济南市住房和城乡建设局

目录

方峪村：
格局完整的『石头部落』

1. 地理环境与历史沿革

方峪村位于山东省济南市西南方向的长清区孝里街道，齐长城最西端，村落距济南市 63 千米，距济广高速 3.5 千米。

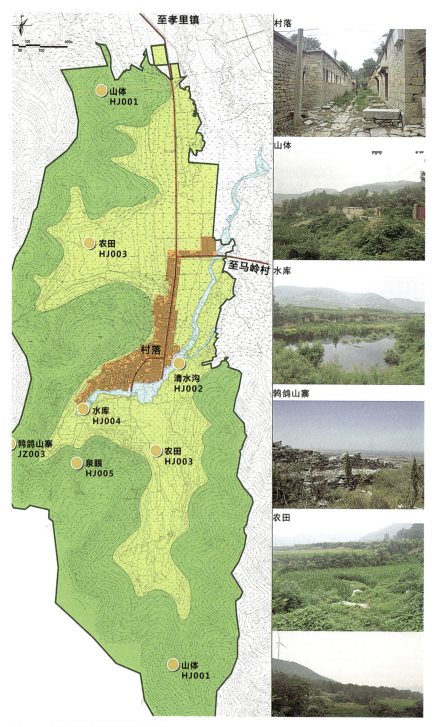

图 1.1　方峪村村落环境要素分布图

方峪古村四面环山，地势低洼，海拔约 155 米，属于典型的鲁西南丘陵地形。因地处山坳之中，地理位置独特，周围群山起到了天然屏障作用，故历代兵患、匪患较轻，村落整体面貌保存完好。

在方峪古村前街入口处有一座石碑，上刻有《重修观音五圣堂碑记》。据残存的碑文记载："肥邑县治西北六十里……地号王峪，方世长居其间，中有观音堂，配以五圣……戊申岁大震以致此堂倾圮……方氏父子不忍坐视，遂谋于族众，各捐资财……于是兴工整理，不日而功告成……大清康熙八年。"由碑文可知，旧时方峪村隶属于肥邑县。

据村里老人讲述以及依家谱等资料推断，方峪村至少已有 500 余年历史，村庄原名为王峪，明洪武年间，方氏始祖从山西洪峒县迁徙至此并建村，因村子坐落在山峪中，遂改名为方峪村，该村 90% 的村民都姓方。20 世纪 80 年代，因村里同姓不能通婚，老村环境差，房子破旧，为改善生活及居住状况，村民在村北处又修建了新村。现在古村中只有老人居住。

2. 村落空间格局

方峪古村四面环山，村址南山有经年流淌的山泉，村前又有常年流水不断的清水沟，沿清水沟边有石洞的饮水井6眼，适宜人们生产、生活。村庄依山傍水，既有崇山之阳，又有泉水之灵，乃藏风聚气的风水宝地。

图 1.2 清水沟在枯水季种植小麦（2017 年摄）

　　因村落坐落于山坳的狭长地带，地势沿等高线变化，呈内凹的倒置镰刀形，所以村中民居建筑也顺应地势，按照一定规律沿街巷排列布局，规整紧密，错落有致。村内自东向西有两条主要交通线，分别称为前街和后街，前街为村庄最前面的街道，也是村落的中心大街。村北的街道为另一交通主线，即后街。主街两侧有多条胡同，狭窄曲折，石板铺路，相互连接沟通，通向各家各户。方峪村的道路多大为青石板路，几百年来，古老的青石板已被磨得光滑锃亮，透着岁月的沧桑。崎岖的石板巷幽深曲折，看似尽头，常常柳暗花明。如有一小巷纵深十几米远，脚下是青石板，两旁是石头墙，宛如走进一个石头的世界，走到尽头，才发现左转又是一条上坡的青石板路，通向另一处空间。回头远望小巷仿佛一个"7"字，这就是村落中有名的"镰刀巷"。

　　在村庄最南端，有一条深而宽的洪沟绕村庄向东延伸。这条宽大幽深的洪沟不仅是村里的天然排水通道，而且已构成村落中一处自然景观。无水时节，村民在洪沟内种上小麦，成为麦田。收割季节，放眼望去，满沟金黄色的麦浪随风起伏，蔚为壮观。

　　村落传统建筑主要集中在老村，由于村民在老村外另建新村，因此，老村内的传统建筑风貌基本得以保留。村内最古老的庙宇建筑——五圣堂坐落在村庄最南面，与之毗邻的即是一大块场地

图1.3　主街两侧房屋都是一层半或者两层的高度，封闭性很强（2017年摄）

图 1.4　石头院落（2017 年摄）

平整、视野开阔的古戏台。在村口处，还有一个"文革"时期所建的宣讲台，高大气派的单体建筑如同村庄的影壁墙。从古戏台和庙宇建筑连片分布中可以看出，这里一直是村落中的公共活动空间，是村民娱乐、交往活动最集中的地方。

方峪村环境优美，周边旅游资源丰富，景点众多。较为著名的有：孝堂山郭氏祠堂位于方峪村所属的孝里街道，因著名的郭巨埋儿孝母的故事而得名，也是《二十四孝》记载的郭巨埋儿之典故的发源处。孝堂山郭氏祠堂是后人为纪念郭巨孝道而建造，也是中国最早的全石头建造的地面建筑。

齐长城遗址位于方峪村域内的大峰山，齐长城在大峰山山顶绵延 1500 余米。春秋战国时期，齐国为防御鲁国和楚国的进攻，在南部边境建筑了绵延千里的军事屏障，修建于公元前 685 年至公元前 485 年，是世界上最古老的长城，比秦长城的建筑时间还要早 400 余年。

大峰山省级森林公园位于济南市长清区孝里街道境内，长清、平阴、肥城 3 区县交界处，是一个集人文古迹、休闲度假、红色旅游于一体的综合性旅游景区。大峰山峰峦叠翠、景色秀丽、气候宜人，特点突出。因其山势围合，三面峭立，曲如列屏，形若

图 1.5　方峪村传统街巷风貌（2017 年摄）

图 1.6　风貌依旧的村中街巷（2017 年摄）

箕掌，顶峰高而大，故得名大峰山。大峰山有齐长城，山顶还有200 余间保存完整的屯兵营，因而评为全国重点文物保护单位。

3. 村落典型历史建筑

　　山东的平顶民居在鲁中是一种主要居住建筑类型，平顶民居构造简单、坚固，是山东民居的重要组成部分，其中尤以长清山区方峪村平顶石头房最具代表性。因地处齐鲁两国分界线，深受齐鲁两国文化的影响，建筑坚固大气而不失精美细腻。

　　长清方峪村地处山区丘陵，村落传统建筑集中连片，整个古建筑群属典型的明清建筑风格，房屋结构以青石为主，辅以土坯、青砖砌墙，门楼精致、古朴，房顶为平顶，里层采用苇箔、檩条作支撑，外层采用石灰、沙子捶顶。墙面大多做工精细，线条流畅。院落以三合院或四合院居多，厢房、南屋俱在，每家每户都有独立的天井内院。受地形所限，院落空间结构紧凑，四周皆由石块砌成，封闭性较强，整个院落有汉代遗风。

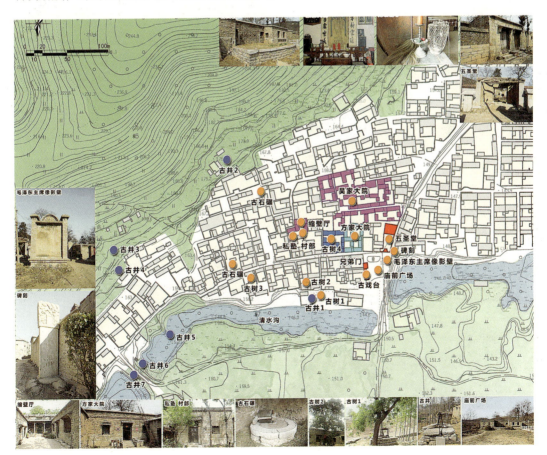

图 1.7　方峪村历史要素现状分布图

图 1.8　俯瞰村中的典型院落（2017 年摄）

图 1.9 村内典型院落风貌（2017 年摄）

图 1.10 门窗的石头挑檐和出挑较长的水溜子是方峪村民居的显著特点（2017 年摄）

图 1.11　平顶民居屋顶结构（2017 年摄）

　　与山东其他地区平顶房相比，方峪村的石头房采用石墙承重，其结构更加坚固。房屋主要立面用大块方石砌成，严丝合缝。石砌墙面有两种制作方式，一种是将山石雕琢成长约 40 厘米、宽约 30 厘米、高约 25 厘米的长方体石块，错缝干插砌筑墙面。这种墙面坚固整齐，石块表面的雕琢痕迹明显，纹理清晰，排列有序，具有观赏价值。另一种是将山石敲解成大小形状不一的小石块，层层石块加上灰泥逐层垒成墙面，这种墙体厚实坚固，墙面外侧错落起伏，有着粗犷自然之美。门窗外有石头挑梁，门楼高大，细部讲究。石头房平屋顶四周垒砌矮矮的女儿墙，向外伸出石质排水溜子。石雕技艺在房屋建造中运用也比较普遍。石雕主要运用在房子的挑檐石、大门旁的灯窝子和排水溜子等部位，雕刻类型丰富多样，粗犷中透着精细。由于这一带历史上的汉画像石非常著名，石头雕刻纹样也有汉画像石的遗风。

图 1.12　村里家家户户有土粮囤（2017 年摄）

图 1.13　吴家大院是方峪村过去大户人家的住宅，现已坍塌废弃（2017 年摄）

　　另外，方峪村家家户户都建有一处粮囤子，用以储藏粮食。粮囤以青石作基，夯土筑墙，囤顶，这种独立的夯土粮囤，形成了方峪古村民居院落的又一独特风格。

　　方峪古村建筑类型丰富，既有民居、庄园、窑洞，也有寺庙、戏台等公共信仰和娱乐空间建筑。因地处偏僻，未受战乱洗礼，虽历经几百年沧桑，村庄依然能保持着明清时代的村落风貌。村中有近两百座石头房屋，基本保持着比较完整的形态。其中重点历史建筑有：

　　吴家大院位于村庄西北部，曾是方峪村的地主大户。大院坐北朝南，一进三合院式院落，以院落中轴布置房屋位置，形成对称布局。大院南北各有一扇公共大门，大门为拱形式样，具有西方建筑风格，古朴大气。从前门进入，在大院中穿行，即可到达后院外大街。大院主建筑平面为规则的矩形，布局严整又不失变化。院落中间为公共活动空间，主建筑东侧有一座瞭望楼，旧时用以防御。吴家大院建造质量上乘，整栋院落气势宏大，房屋细部讲究精致，雕刻精美。院落中散落的建筑石材，其雕刻工艺精湛，无论是石雕门花还是门楣上的龙虎图案，都惟妙惟肖，栩栩如生，无不向人们展示着吴家庄园曾经的辉煌。据村里老人说，过去的吴氏家族可谓家大业大，当时邻县平阴的部分土地都归其家族所有，所谓富甲一方便是如此吧。

　　方家大院位于老村最南端前街往西 60 米处路北，与五圣堂相邻。主屋地基北高南低、线条清晰、古朴典雅，房屋皆为全石建筑，石材选料精细，墙面整齐规整，历经数百年依旧。大院整体平面呈规则矩形，但非完全中轴对称式。大院分前后两院，前院是三合院式，后院呈长方形。前院大门位于东南方向，青砖砌成，院落干净利落，整个房屋错落有致，正屋高于东西配房，正屋门前檐廊上的两根柱子为全石雕刻，做工精细，屋檐下的壁画绘制精美。房门与窗户上宽阔厚实的石板挑檐尽显厚重。方家大院内部空间较为丰富，从东南角的大门进入约 6 米处，转弯进入前院，穿过前院进入厅堂，从厅堂北门直至后院的室外空间。一开一合，欲扬先抑，空间变化丰富。在后院，距厅堂北门 1 米处，有一隐秘的地窖子，主要用于盛放粮食及果蔬。据居住在这里的80 多岁的方家后人方大爷讲，方家祖上比较富裕，家里人口多，房子也多，过去后院有一个结婚用的婚房，家里有结婚的都用此房。后院不仅是独特的"院中院"，而且还可以防御匪患、战乱。战乱年代，如遇土匪或敌人来袭，方家人便躲进后院并用板子遮挡，如此，外人便看不出院落中还有一个后院。历经了 10 代 300多年的方家大院，走过了风霜雪雨的沧桑岁月，迄今仍坚固如初，巍然屹立。

图 1.14　位于村南口的戏台（2017 年摄）

图 1.15 　"文革"时期于村口
修建的影壁（2017 年摄）

　　戏台位于方峪村最南面，五圣堂的西南方向，有一古戏台。
戏台建于明清时期，青石砌成，坐西面东，高约 1.5 米，面积约
有 20 平方米，目前保存完整。前设台基，后设待场室，两侧墙
体均嵌有方形壁龛。戏台之上的后台南北各有一门，是演员进出
之处。戏台较为简陋，无高大华丽的顶棚，过去曾是村民闲暇之
时的娱乐场所。戏台正对一块平整场地，不远处是一个"文革"
时期的主席台，犹如一面巨大的影壁墙，高大气势，将村落护于
身后，共同构成方峪古村的文化公共空间。

　　方峪村的石头房子承载着古村的历史和记忆，除庄园建筑外，
村子里还有不少布局独特的院落。如两院大门紧紧相连，一左一
右，造型完全相同的"兄弟院"，分别住着一兄一弟两户人家。
独立的院落，隔不断的血缘，左右毗邻，互帮互扶，相佐相伴，
坚固的石头房亦传递着浓浓的亲情。

那些散落在村落里的依然清晰可见的墙壁上的拴马石、具有
独特造型的古井、巨大的石碾，同样记载着方峪古村人的故事。
位于村南头的开凿于清乾隆年间的一口古井，其水质甘甜，半米
多高的青石井台上有铁质的辘轳，井口处有一块凿有 3 个井眼的
石板，井眼一大两小，可供 3 人同时取水。石板边缘是一道道被

图 1.16　"兄弟门"是方峪村较有特色的传统大门（2017 年摄）

图 1.17 方峪村院落相对宽敞，大门细部讲究（2017 年摄）

图 1.18 方峪村保存完好的大门
依然很多（2017 年摄）

图 1.19 村南龟驮碑（2017 年摄）

图 1.20 村南龟驮碑上的双龙戏珠图案（2017 年摄）

图 1.22 大门两侧的香窝子（2017 年摄）

图 1.21 三圣堂大门上的荷花图案石刻（2017 年摄）

图 1.23 村内路口处的关帝庙神龛（2017 年摄）

图 1.24 清乾隆年间的三孔古井（2017 年摄）

图 1.25 村内散落着石碾等民俗物品（2017 年摄）

图 1.26　传统民居入屋门细部（2017 年摄）

图 1.27　方峪村传统民居建筑房梁结构（2017 年摄）

井绳磨出的深印，印证着古井经历的沧桑岁月。古井东南侧有 1 棵古槐，据说比古井还要早 200 多年。立于村口的龟驮碑，造型极为精致，栩栩如生的龟背上驮着高高竖起的石碑，碑盖上面的双龙戏珠浮雕精美绝伦，雕刻细腻。在方峪村，这些历经几百年的古井、古槐、古庙、青石板路……共同向世人讲述着小村曾经的辉煌与荣耀。

4.村落民俗生活

方峪村的扮玩习俗由来已久，至今已有上百年历史。结束一年的劳作，每年正月十三、十四这两天，村民就开始自发组织扮玩队伍，着扮玩服装，化上浓妆，敲锣打鼓，开始在广场绕场行走表演。扮玩可谓全庄总动员，男女老少一齐出动，从六七岁的孩子到八九十岁的老人都参与其中。扮玩表演主要有扭秧歌、踩高跷等形式，通常表演一些传统曲目，如《西游记》《猪八戒吃西瓜》《回娘家》等。

在村内广场扮玩一段时间后，扮玩队伍开始在村里挨家串户地拜年。每到一户人家，扮玩队伍就会在村民家门前表演节目，主人为表示感谢或拿钱或拿瓜果食品送给扮玩队伍。除在本村扮玩外，有时扮玩队伍也会出村表演，浩浩荡荡的扮玩队伍一边敲锣打鼓一边表演，场面喜庆活泼，妙趣横生，精彩纷呈。

双乳村：千年王陵伴古村

1.地理环境与历史沿革

　　双乳村位于济南市长清区归德街道办事处南部，齐长城源头北5千米。该村距长清城区13千米，距省会济南40千米，距离220国道仅4千米，交通较为便利。

　　双乳村东倚泰山，西临黄河，村落环境优美，历史文化底蕴深厚。根据史料记载，西汉时期，这里曾是诸侯国济北国的地域。济北王刘胡的坟墓建在双乳山东北0.5千米处的福禄山上，最后一代王刘宽的坟墓建在双乳山山顶上，即现在著名的"济北王汉墓"。据村中已有400年历史记载的董家家谱、宋家家谱、曹家家谱等资料推断，双乳村可能在唐代就已成村落，至今村里尚遗

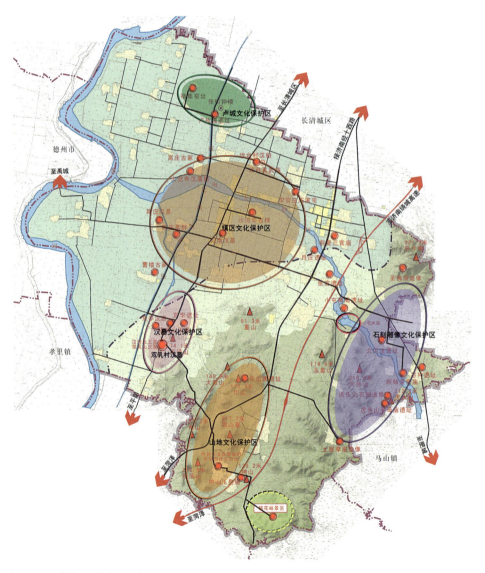

图2.1　双乳村选址与格局分析图

图 2.2　青石板铺就的窄巷（2016 年摄）

图 2.3　狭窄的石巷，体现了山村聚落特点（2016 年摄）

留有 10 多棵古槐，传说为唐槐。另外，较确切的说法是，明洪武年间，曹氏由山西洪洞县迁此定居，随后其他姓氏人家也不断迁入，因村子建在两座丘陵小山上，而这两座山山头像是女人的乳房，故起名双乳山村。双乳村全村现有 400 多户，1700 多人口，以曹、戴、董、宋、朱 5 大姓为主，其中曹姓居多，占全村人口的 41.6%，戴姓次之。

双乳村人将双乳山视为宝山，在双乳村西古道边立有一块近百年前清宣统年间的古石碑，上面写道："庄前旧有双乳山一座，虽非出名大山，庄中赖以平安。凡接脉之处与庄内有关，相传如有开动接脉之处，庄中即出不意之祸。是以屡次禁止多年，无人开动取石。"村民将此石碑称为"封山碑"。

2. 村落空间格局

双乳村依山而建，村落自北向南、自西向东蔓延。村内建筑沿地势呈阶梯状分布，疏密相间，高低错落有致，村庄主干道长孝路穿村而过，南接双水坡村，北接翟庄村。几条东西主街道与

图 2.4 汉墓遗址开山墓道（2016 年摄）

图 2.5 汉墓上清晰可见的雕刻痕迹，体现着该区域悠久的石作历史（2016 年摄）

长孝路相接，贯通村庄交通，其间大小巷道交错相连，通向村中各家各户。

双乳山虽非名山，但 1996 年考古发掘的双乳山汉墓，使它闻名国内。

双乳山汉墓位于归德街道双乳村的双乳山上，始建于汉武帝天汉四年（公元前 97）。据考证，该墓是西汉时期济北国最后一代王刘宽之墓，是一座大型石圹木椁墓，依山凿岩成穴，总面积约 1500 平方米。从山上往下看，王墓呈"甲"字形，分墓室和墓道两部分。墓室总深度达 22 米，墓室面积约 100 平方米，整个墓室基本呈正方形，墓地石壁上刻有长 60-90 厘米、宽 40-60 厘米的很规则的长方形图案，凸凹明显，究竟是文字还是图案，至今仍是一个谜。墓道长 80 多米，底部北高南低，呈斜坡状，第二道门下有一条石沟，与东侧和西侧沟呈"U"字形，东北角和西北角各有一石坑，是修墓时排水和往外取水所用。

1995 年至 1996 年，双乳山汉墓被发掘，成为当年考古界最为轰动的事件之一，并被评为"全国十大考古新发现"之一。2001 年，双乳山汉墓被国务院确定为"全国重点文物保护单位"。该墓保存完整，是山东唯一一座没有被盗的王陵，墓内随葬品丰富，挖掘出随葬铜器、玉器、漆器、铁器、陶器、陶质家禽等 2400 余件，出土玉器以玉覆面和玉枕最为精致。墓主人头枕玉枕，脸上覆以玉覆面，玉覆面由额、颐、鼻、颔、耳等部分组成，共

18块，用丝线连缀在一起，彼此搭配得极为协调，浑如整体。玉鼻罩为透雕，刻云雷纹，更为罕见。玉枕由9件玉片、3件玉板、2件玉虎头饰及木芯组合而成，两侧设铺首衔环，四角为四枚龙形铜足，造型精巧，装饰华丽。在王墓西侧还有一座王妃墓没有挖掘，两座墓葬占据东西两座山头，被称为"双乳山汉墓"。

3.典型历史建筑

双乳村所遗留的传统民居建筑大多为明清及民国时期的建筑，主要位于村庄西北部。古村内房屋院落大多是三合院或四合院式，正房高大，院落宽敞，整体布局独特，功能划分明确。房屋以青石结构为主，房顶为石灰囤顶，房顶内用木架梁柱，置于山墙之上，梁柱上铺设多根檩条，檩条上面再覆盖苇箔，外层用石灰、沙子、三合土捶顶夯实。囤顶有一定弧度，不易积水。檩条上面再覆盖以苇箔，外层用石灰、沙子、三合土捶顶夯实。村内民居建筑样式简洁古朴，无过多装饰，大门上部有石质挑檐，规整且长，上面雕刻有简洁的石刻纹样，挑檐上有大块石板过檐。

图2.6　双乳村历史要素现状分布图

图 2.7　传统院落正房高大，明显高于厢房（2016 年摄）

有的大门仅有石条过梁，大门两侧皆是青石砌筑，木质大门进深较深。进门影壁也由青石砌筑而成，影壁两侧青石上雕刻着精致的花纹图案，影壁上部有的刻有"文革"时期的五角星图案。院落围墙用不规整石块堆砌而成。

图 2.8　影壁上方的五角星图案（2016 年摄）

图 2.9　从残存的院落布局中可以看出，地窖位于院落正中（2016 年摄）

图 2.10　院落里的地窖颇具特色，过去为妇女纺织之处（2016 年摄）

图 2.11　屋角旁的石窝子，是村民用来养鸡的地方（2016 年摄）

图 2.12　全石建造的民居大门，透着汉风遗韵（2016 年摄）

图 2.13　宽敞的三合院，布局规整（2016 年摄）

图 2.14　村内传统院落外貌（2016 年摄）

图 2.15 村内废弃的小学（2016 年摄）

图 2.16　脚柱石上的花卉石雕
（2016 年摄）

图 2.17　卡门石上的荷花石雕
（2016 年摄）

图 2.18　卡门石上的鼓形石雕
（2016 年摄）

图 2.19　卡门石上的葫芦石雕
（2016 年摄）

　　与其他古村落最不同之处是双乳村家家户户的院落内都建有一个地窖，地窖或位于院落中间位置，或位于房屋窗户底下。方形的石头入口，内有石质斜式楼梯，顺着楼梯下到石窖内，内部空间非常宽敞，与正房面积几乎同等大小。过去，家里的地窖主要有两种用途：一是供妇女纺织所用，冬暖夏凉；二是遇匪患战乱时，可进窖内躲避。

　　在村中遗留的传统建筑中，重点有曹孟金宅院、董家私塾等。

　　曹孟金宅院坐落于村落中间，整个大院长 8 米、宽 10 米，是一座典型的北方清代四合院院落。宅院为青石结构，正房门窗

图 2.20　过门石雕刻着龟背纹、荷花纹、如意纹等吉祥图案（2016 年摄）

图 2.21　挑檐上整块宽大而平整的檐板，也是双乳村民居特色之一（2016 年摄）

图 2.22　挑檐石做工精良，上刻简洁线条（2016 年摄）　　图 2.23　伸出屋檐的排水溜子（2016 年摄）

图 2.24　院落厕所和猪圈相连，旧时用以蓄粪，均用石块垒砌（2016年摄）

均为石板挑檐，石灰囤顶，木质门窗，屋顶平台上留有排水石槽，以防雨天平台积水。大院西屋门南有 1 个地窖，是在山石上凿下去的，地窖内石壁以石头的脉络而凿成。院内有 1 棵古槐。

董家私塾位于双乳村西北部，院落为青石结构，正房面阔三间，石灰囤顶，门窗上各有石板挑檐，木质格窗，正门前有两层石阶。屋顶平台上置有排水溜子，为防止雨水打湿墙体，排水溜子出头很长。墙体西侧厢房面阔四间，低于正房房屋，石灰囤顶。沿街立面墙体上开有石窗，石板挑檐。

与山东其他地方的传统村落一样，双乳村里也遗留有很多过去的生产工具，如石碾、石磨、石滚等。一般村落的碾盘直径只有 1 米多，一个人就能推动，而双乳山村的大石碾盘直径近 2 米，石滚子重量更是惊人，俩人推着也费劲。据说，大石滚子过去被村里大户曹家油坊专门用来打油榨豆子，主要靠驴或牛来拉。曹家不仅是村里的大姓，而且还是富商大贾，其所经营的曹家油坊兴盛于清朝中期，有着 100 多年的打油历史，在长清以南、平阴以北一带颇有名气，直至 20 世纪 40 年代才逐渐衰败了。

4. 村落民俗与非遗传承

过去，双乳古村每年都会举行一次规模很大且隆重的民俗娱乐活动——绣球灯舞比赛。

绣球灯舞是一种汉族民间舞蹈，从古代的社火中演变而来，是一项人们借以表达祈求风调雨顺、安居乐业愿望，集武术、舞蹈为一体的自娱自乐的民俗活动。据说 300 多年前，劳动人民在饱受兵荒马乱、漂泊流离之苦后迎来了"康乾盛世"，为庆贺这一较为安定的生活，每年春节，山东一些地方的村民便纷纷表演"社火"以示庆祝。而且有些村子还有彩扎艺人，其手艺高超，会做各种绣球灯，逢年过节都会做出各式各样的绣球灯拿到集市上叫卖。谁的绣球灯做得好，谁就卖得多。到了除夕的晚上，人们在绣球灯内点上蜡烛挂在门口，以示喜庆，表达祈求平安、风调雨顺、安居乐业的愿望。此后，绣球灯逐渐演变成了一种街舞的形式，更具观赏性和娱乐性。还有一种说法，绣球灯舞传男不传女，早年间重男轻女，只有男人才能舞绣球灯，村里的女孩子不能舞，只能看。表演绣球灯舞需要演员动作敏捷，因为跑动迅速，消耗体力很大，所以舞绣球灯要每组 8 个年轻力壮且训练有素的小伙子。为了表演需要可以编成好几组，表演时每个人双

手各持一灯。表演者要腿功、手功、腰功高强。绣球灯的表演套
路有"单双剪子股""四门斗""串花"。随着表演者的动作造型、
套路展示、队形变换，配乐以"将军令""备马令"曲牌为主旋律，
锣鼓以"急急风""长行"为主要点子为表演伴奏。

长清的绣球灯舞于康乾时期由齐河县祝阿镇官庄村流传而
来，据村里的老人讲，每逢元宵佳节，双乳村都会举行绣球灯龙
灯舞比赛。过去村里很多人都会扎绣球灯，绣球灯的制作非常复
杂：绣球灯由内圈和外圈组成，内外圈全部是用8个竹制圆圈扎
制而成，内圈由8个小圈相连扎制，组成一个小球；然后在小球
上留一个口用来点蜡烛，其余镂空部分用毛头纸将小球糊上，涂
上白粉，刷上不同颜色，做成一个五颜六色的彩球。彩球内装上
转子，转子底部插上特制的牛油蜡烛。绣球灯的外圈也用8个大
的竹圈扎制成一个彩球，用绳子把小球悬空置于其中，使小球在
大球内能自由转动，再用彩纸条把大球的外框缠起来，点缀上纸
花，1个绣球灯就做成了。制作绣球灯是一项较为细致的手艺活，
制作人要有足够的耐心和细心，要做好1对漂亮精致的绣球灯通
常需要四五天的时间。

每逢元宵佳节，双乳村人都会举行绣球灯舞比赛。当手中的
绣球灯被点亮，伴着彩色的装饰，舞起来的绣球灯流光溢彩，将
夜空照得异彩纷呈，邻村村民纷纷前来观看，场面颇为壮观。由
于各方面原因，如今双乳村已很多年没有举行过绣球灯舞比赛，
但绣球灯的制作技艺，村里仍有人传承了下来。

除了绣球灯舞比赛，双乳村还成立了弟子剧社，至今已有
100多年历史。清末民初，双乳村先民在繁重的生产劳作后，为
缓解生活压力，丰富娱乐生活，聘请艺人到村收徒授艺，成立了
弟子剧社，每逢节庆之日，弟子剧社的师徒们都要搭台唱戏。双
乳村最繁盛时期，戏曲表演是最受村民欢迎的娱乐活动。过去村
内建有戏台，每逢有戏剧演出时，十里八村的人们都会前来观看，
戏台前围得人山人海，水泄不通，一派繁荣景象。但随着时代的
发展，双乳村的戏剧传承面临濒危境地，很多老艺人早已去世，
又因此行当难以挣钱养家，年轻人没有学习兴趣，弟子剧社的戏
剧传承后继乏力。现在村内学戏的传人仅剩一二人，且年事已高。
加之"文革"时期，村里的戏台被拆除，现在村人已很难再听到
圆润、高亢的乡音浓厚的地方戏曲。

叁

土屋村：古风遗韵的『石头村』

1.地理环境与历史沿革

　　土屋村位于济南市长清区归德街道南部的群山之中，四面青峰隐隐，被大石门山、小石门山、赵化山、杨水峪山、西山等山体包围，景色优美，隔山与马山镇崮头村相望。土屋村虽地处山区，但交通相对便利，村落距离长清区中心 20 千米，距离省城济南 50 千米，沿村向北行驶 2 千米处可至 220 国道。

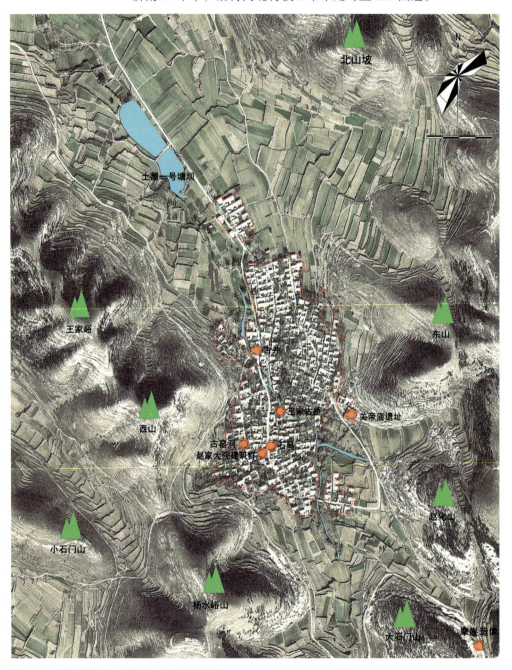

图 3.1　土屋村村落选址与村域文化遗产分布图

图 3.2　废弃的土窑是村中最早的建筑（2016 年摄）

　　土屋村最初被称为曹楼，据村里老人介绍，土屋村的聚居历史可追溯至明朝洪武年间，最早是曹姓人家逃难到此。由于当时生活条件恶劣，曹家逃到此地后，便凿洞穴而居，挖一截四五米深的大洞，屋顶上面就是路。这种洞穴下可住人，上可通行。后来在洞穴之上曹家又就近采石加盖一层，村子也以楼命名为曹家楼。对此，立于村口处的碑志也有记载，"明初曹氏来此定居后修一小楼，村以楼命名曹家楼。清乾隆年间，曹氏之嗣原居古岗窑洞的人们又迁居该村，更名为土屋"。据村里老人说，相传曹家因为砍掉了村中一座石马的头颅，导致衰败，后来其他姓氏人家开始向土屋村迁移。发展到现在，土屋村村民超过 1000 人，以赵、王、曹、胡等姓氏为主。

2. 村落空间格局

　　土屋村地处山区，是一个以农业为主的传统村落。因山区土地贫瘠，不似平原土壤肥沃，村民主要种植一些玉米、大豆、花生等农作物。土屋村呈南北走向，东西较短，地势南高北低，村内有两条主街道，同为南北走向的东街和西街，经整修后，街道宽有 4 米。两条主街道在村北处汇合，呈 "V" 字形向南延伸，

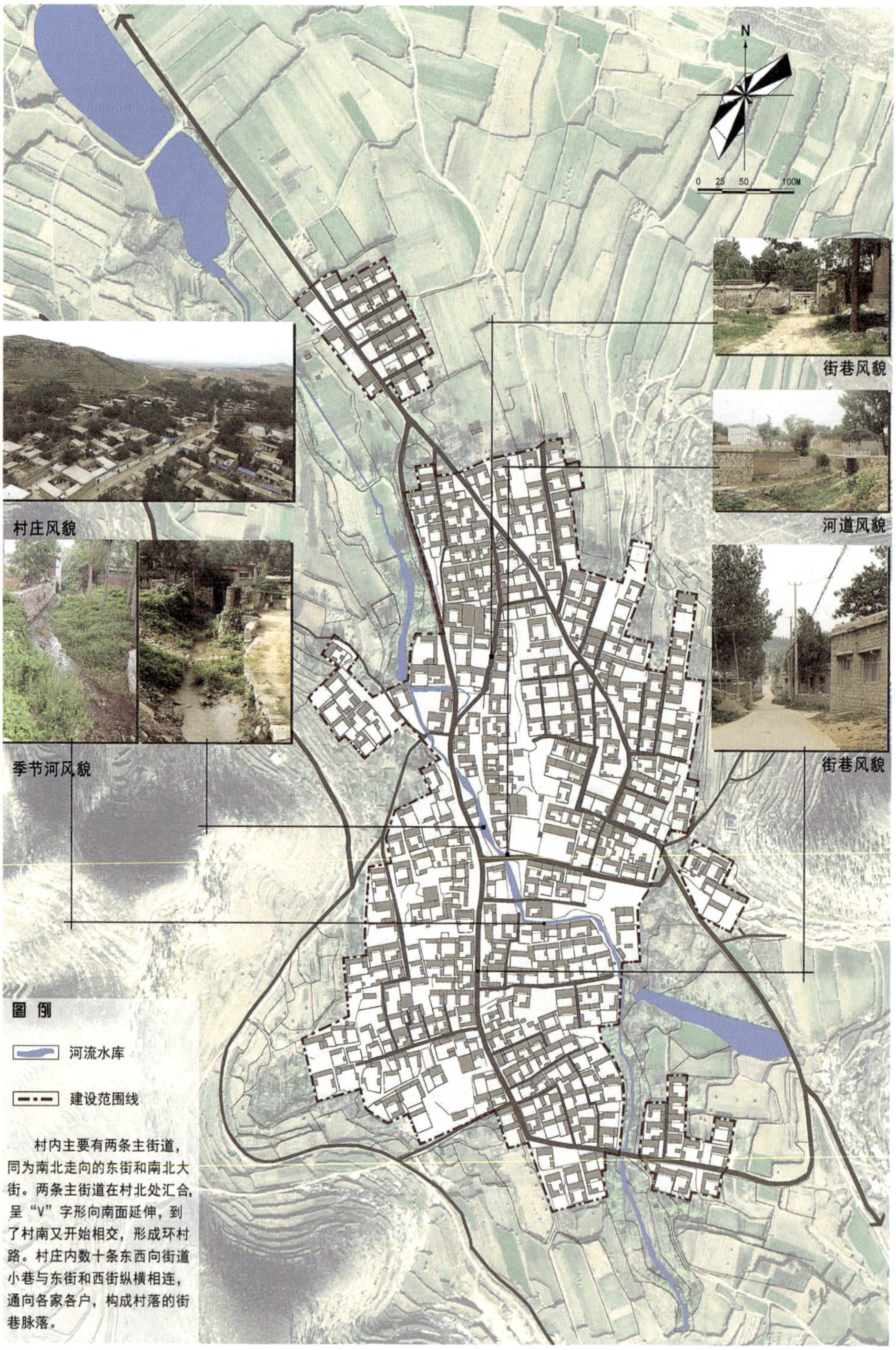

N
0 25 50 100M
街巷风貌
河道风貌
街巷风貌
村庄风貌
季节河风貌
图例
河流水库
建设范围线
村内主要有两条主街道，同为南北走向的东街和南北大街。两条主街道在村北处汇合，呈“V”字形向南面延伸，到了村南又开始相交，形成环村路。村庄内数十条东西向街道小巷与东街和西街纵横相连，通向各家各户，构成村落的街巷脉落。

图 3.3 土屋村村落格局与历史风貌示意图

到了村南又开始相交，形成环村路。村庄内数十条街道小巷与东街和西街纵横相连，通向各家各户，构成村落的街巷脉络。村内传统建筑主要集中在村北西街处，其中赵家大院建筑集中连片，规模相对较大，其间夹杂着一些传统石头房。

　　沿西街往村南走，有一条季节性自然水沟，高低错落，水沟内外有大片树林，枝繁叶茂。夏季雨水丰盛时，水沟内清水盈盈，树叶沙沙，清凉宜人。在村北处，有一口上百年的古井，古井何时存在于村里，已无人知晓。古井口由青石围成圆形，井口青石光滑，青石周围留着4道被井绳磨出的印痕，尽显沧桑。古井井壁全为青石垒砌，往井下望去，经历岁月和井水的洗涤，井壁青石泛着盈盈的光泽。古井一年四季不干涸，井水清澈甘甜，水质绵柔，在村里没有通自来水之前，村民都是靠这口井解决吃水问题。1943年村里遭遇大旱，唯有这口井依然井水汩汩。吃惯了古井水的人家，现在还会取井水烧菜做饭。

　　土屋村村东是一条峪谷，峪谷狭长清幽，植被青翠茂密，山间鸟语鸣啼，花香满谷。登至山峪顶，远眺村落四周，绵延起伏的山峦、奇峰怪状的自然石景映衬着静谧古朴的村庄，宛如"世外桃源"。走出峪谷，便是紧邻的马山和双泉山庄，一条峪谷连

图3.4　村内的石板街巷与石头材质建筑风格统一（2016年摄）

图 3.5 村内随处可见石板小巷（2016 年摄）

图 3.6 历经百年的三孔王家石桥（2016 年摄）

图 3.7 村内沿街石质民居建筑风格统一（2016 年摄）

图 3.8　释迦牟尼像旁的摩崖石刻（2016 年摄）

接了归德街道、马山镇、双泉镇，真可谓"公鸡山头啼鸣，一啼叫三镇"。

　　在土屋村东南云头山与赵化山的连接处有一处摩崖造像，造像是单体释迦牟尼像，依陡峭山崖凿刻而成，像身高 1.40 米，宽 1.45 米，距地表 2.30 米，螺髻，双耳垂肩，身着袈裟，结跏趺坐，两手扶膝，作禅定状。佛像造型生动，面部轮廓丰满圆润，雕刻技法刚劲，为唐代作品。佛龛依山体凿成，前立两石条，上盖一板，后来在山体开发中，佛龛上部石板被毁，村民为使佛像不受损坏，建小房一座，将佛像加以保护。在佛龛左上方石崖上有两处重修题记，经年累月，石崖碑刻上的字迹不断被风化侵蚀，字迹已模糊难辨，依稀辨得其中一处记载是明万历年间。

图 3.9　村东南的释迦牟尼像（2016 年摄）

图 3.10　村中沿街建筑立面和街巷地面都由石头砌成（2016 年摄）

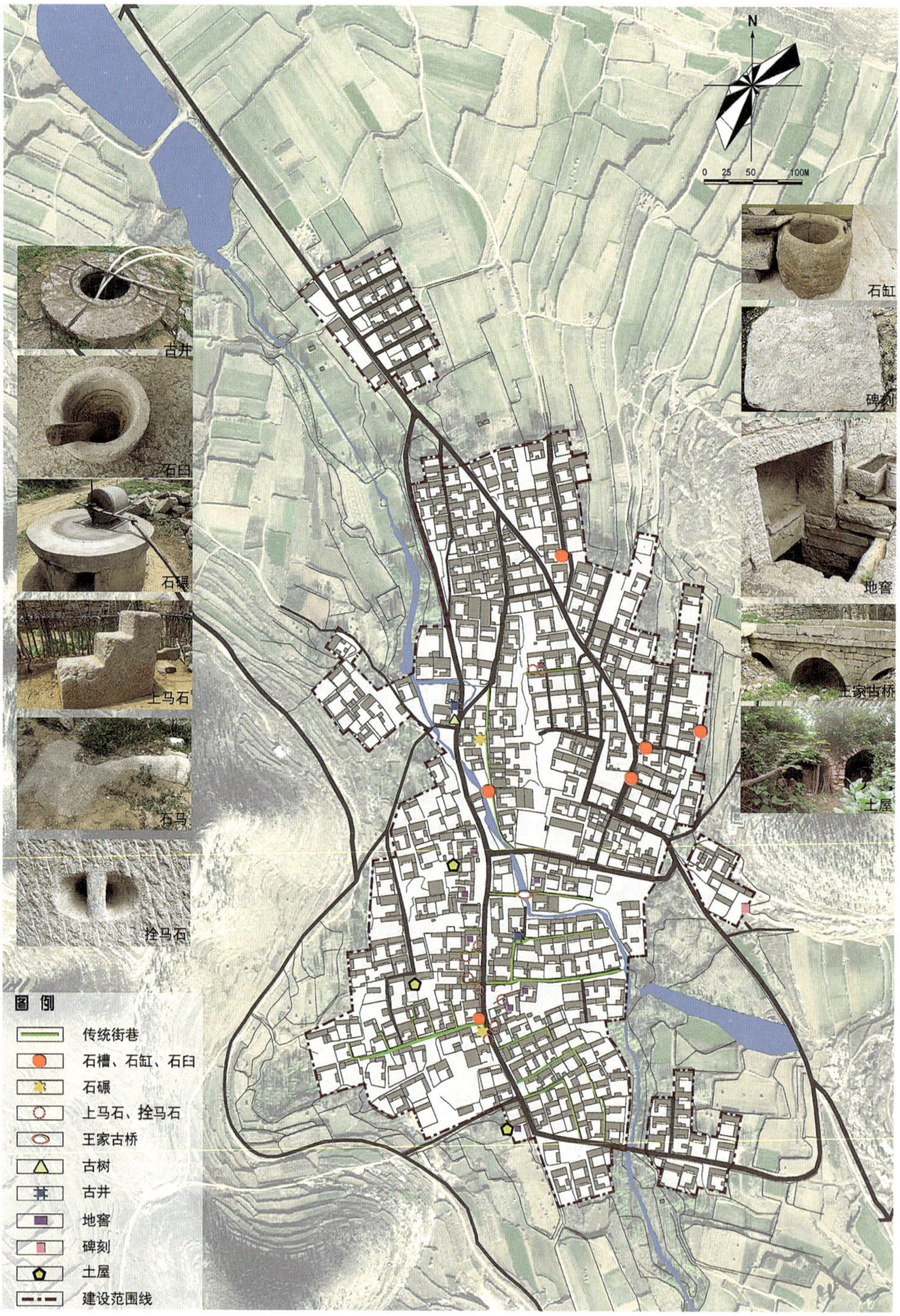
N
0 25 50 100M
古井
石臼
石碾
上马石
石马
拴马石
石缸
碑刻
地窨
王家古桥
土屋
图例
传统街巷
石槽、石缸、石臼
石碾
上马石、拴马石
王家古桥
古树
古井
地窨
碑刻
土屋
建设范围线

图 3.11 土屋村历史要素现状分布图

3. 村落典型建筑

土屋村地势高低不平，村民在建房时便依地势而建。土屋村的院落以北方传统的三合院或四合院居多，正房即北屋，一般建三到五开间，左右各建东西厢房 2 到 5 间，门楼位于院落的东南角，西南角处设置旱厕。院落内或是乱石板块铺地，或是泥土地。村内传统房屋建筑特点大多以青石块砌筑墙体，少量用土坯砖筑造墙体，房屋顶部用木架梁，屋顶为石灰平顶房，墙体和屋顶较厚实，冬暖夏凉，平房顶也可用于储物晒粮。另外，每家院子都建有 1 座以条石作基、用夯土筑墙的粮囤，粮囤在正前墙面开有 1 扇门，有的还在后面墙体上开一小窗，粮囤顶用白灰和沙子抹平顶。除院子里建有粮囤外，土屋村人盖房时还会在北屋窗下或院内紧挨北屋处建 1 个地窖。地窖设方形洞口，沿洞口往地下铺五至七级石台阶下至地窖内，地窖内面积很大，有一间屋大小，约 20 平方米。地窖冬暖夏凉，过去土屋村人主要在地窖里纺棉织布。现在地窖还在使用，但多已成为杂物储藏室。因山区石料资源丰富，交通不便，耕地较少，山区民居很少使用黏土烧制的砖瓦构件，因此，以石材墙体承重木梁架体系的传统民居在山区建筑中占有很大比例。

　　土屋村历史上做石匠和泥瓦匠的村民较多，建房技术较高，墙体所用石块多为条形方石，砌筑严密，即使贫困人家用乱石块筑墙，也很注意石块的加工、打磨和拼接。因此，土屋村的房屋建筑整体高大坚固，建造精良，墙体外观平整。

图 3.12　土屋村传统民居院落（2016 年摄）

图 3.13　赵家大院沿街建筑立面（2016 年摄）

图 3.14　保存完好的赵家大院（2016 年摄）

图 3.15 赵家大院全石结构的大门（2016 年摄）

土屋村现在保存较好的传统建筑是赵家大院。该院位于村中主大街西侧，由五处宅院组成，每处院落或为三合院或为四合院。作为曾经的地主大家，赵家大院无论是房屋整体还是建筑细部，都比一般村民房屋显得高大坚固，建造精良，装饰考究。赵家大院的五处院落，每处院落房屋全部以方条石砌筑墙体，石缝细小，并勾灰缝。大院窗下墙体砌以条石，窗户上方用一米多长的石板铺檐，檐口外伸，看起来颇具气势。赵家大院在堰头、卡门石、腰枕石、门两旁辐架、门枕石和院落大门等部位，石雕技艺精湛，雕刻精美，装饰图案丰富多样，不仅有梅、兰、竹、菊等四季花，也有莲花鲤鱼、传统八卦图案、龟背纹、宝葫芦等，甚至还刻有外来新鲜事物——西洋罗马钟表盘。这些精美多样的图案既显示了赵家主人对生活寄寓着无限美好祈愿，也显示了他们虽深居偏僻山村，却也积极探寻新兴事物的一面。因是地主大院，在"土改"中，赵家大院被分割给了不同农户，但从现存的不同院落中，我们仍能一窥赵家大院过去的高大气派。

赵福进和赵福银院是留给赵家后人的赵家大院之一。赵福进和赵福银为兄弟俩，共用一个院落，中间用砖墙将六间北屋分成两个独立的院落，兄弟二人各分 3 间，赵福进居东院，赵福银居西院。两个院落共用 1 个大门，大门高大气派，分上下两层，上

图 3.16 门楼侧墙上雕刻的菊花
（2016 年摄）

图 3.17 卡门石上的菊花石雕之一
（2016 年摄）

图 3.18 卡门石上的菊花石雕之二
（2016 年摄）

层原来是存放粮食及其他物品的储物间，在正中一块正方形大石上对外凿有一个圆形石窗，内镶两扇木质开窗。圆形的窗户与方形的大门互相衬托，取其"天圆地方"之寓意。除此之外，在方门之上再凿圆洞，也有瞭望功能，即古代的"猫眼"。兵荒马乱年代，村庄常有土匪进村抢劫掠夺，凡有人叫门或门外有响动时，居家便可通过圆形方洞往门外一探究竟。门楼两边的辐架上不仅雕刻精美，花纹繁复，其花纹全由工匠用钎子和锤子一点点凿刻而成，而且所刻图案寓意吉祥。右侧辐架朝里一侧从下往上依次雕刻有梅花、五福临门图、菊花，右侧辐架朝里一侧从下往上依次刻有荷花、五蝠捧寿图和牡丹，由牡丹、荷花、菊花、梅花组成的四季花图案，可谓四季鲜花常开，寓意日子一年四季红红火火。辐架朝外两侧也雕刻有精美花纹，从下往上依次有兰草、龙凤呈祥、龟背、汉文图案，据赵福银介绍，这些花样繁多的雕刻蕴含着"堂上代代吉祥草，阶下步步万年青"的美好寓意。

王家英院为赵家大院之一，三合式院落，北屋三间，西厢房三间，东厢房三间。院子当中有一个方形地窖，深 2 米左右，内部面积有十几平方米，冬暖夏凉，过去在里面纺棉花。王家大院所居房屋是赵家大院其中的一座，该院大门高大坚固，分上下两层，上层原来是存放粮食及其他物品的储物间，在正中一块正方形大石上对外凿有一个圆形石窗，内镶两扇木质开窗。圆形石窗上部用几块石板做檐，大门上的腰枕石两旁雕刻有不同的图案，其中左侧腰枕雕刻的是西洋钟表的造型，钟表盘为罗马数字雕刻，

图 3.19　卡门石上的鱼形石雕　　　图 3.20　腰枕石上雕刻的八卦图案　　图 3.21　腰枕石上雕刻的钟表盘图案
（2016 年摄）　　　　　　　　　　　（2016 年摄）　　　　　　　　　　　（2016 年摄）

而右侧则雕刻着中国传统的太极八卦图。两个腰枕石的雕刻内容一中一洋，构思巧妙，特别是西洋钟表的图案不仅显示出外来文化对山东乃至山村文化的影响，也彰显出深居偏僻山村的院落主人对外界新鲜事物的了解和接受。

4. 村落民俗与非遗传承

四周被青山围绕的土屋村，有着开采石材的天然优势，俗话说："靠山吃山，靠海吃海"，祖祖辈辈生活在大山中的土屋村人依山地之便，采石建房。高大坚固的石头房，加上石头的自然纹理和颜色，让一座座石头房尽显古朴拙重。盖石房，自然离不开最主要的建造者——石匠。土屋村的石匠以 72 岁的赵福进手艺为最好，虽然现在赵福进早已不再为别人建房，但学了近 20 年的石匠手艺，已与他相伴终生。

在讲究出身和成分的年代，赵福进因为是赵家五兄弟的后辈，受爷爷的地主成分影响，不仅娶媳妇难，生活也很困难。为了有一技之长，维持生活，1964 年，年仅 19 岁的赵福进决定学习石匠手艺。他拜了同村的赵化同为师，当时赵化同只有 30 岁，也很年轻。赵福进的拜师仪式很简单。他在家中宴请了赵化同，算作正式拜师。

拜师后，赵福进从杂工做起，什么活都干，先给师傅赵化同家种地，只要师傅家的农活忙不过来，就叫他去家里干活；遇到

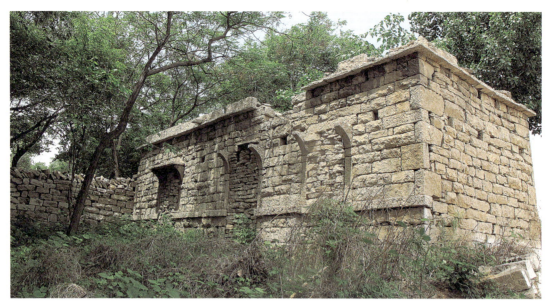

图 3.22 村中废弃的石头房（2016 年摄）

图 3.23 村内带券顶的传统民居（2016 年摄）

村里有盖房子的人家或者村外有人请师傅去建房时，师傅赵化同就叫着赵福进一块去，但也只是让他在工地干杂活。那时候干活，按天计算工钱，每人一天 1 块钱，因为是学徒和小工的关系，师徒二人给主家干活时，师父赵化同就跟主家要两块钱，但只给赵福进 8 毛钱，自己拿 1.2 元。一个月有 10 天左右的时间在外面给人家盖房子，作为学徒，赵福进每个月的收入也只有几块钱，勉强能够维持生活。

赵福进的石匠手艺都是师父在盖房时现场教学，一开始，师父先教他如何做一个粗石匠，即先学开采石头，再把山上的石头裁切成大小长短不一的原料石。开采石头时，准备一个大铁锤和一个长1米、圆柱形、一头是扁平一字形状的铁钎，在山体上凿一个50多厘米深的小圆洞，然后在圆洞里放上火药，将山体炸开，选取需要的毛石。学会了开采石头，接下来就是选石料，这是石匠的一项基本技能。选石料比开采石头需要技术，赵福进说选石头有几个标准，要看石头的颜色、硬度、纹理和用途。颜色是石头的脸面，很多人都喜欢颜色好看的石头，但是好看不一定实用，因此还要看石头的硬度与纹理，这纯粹要看一个石匠的经验和基本功了，也是检验一个石匠水平高低的标准。有些人打了一辈子的石头，对如何查看石头的硬度和纹理也可能只懂皮毛。

学会选石料后，师父就教赵福进对石头进行粗加工打磨，即凿平石头和给石头去边，这两样活儿都只需要一把剁斧即可，拿着剁斧将石头的不平整及不规则的面和边一点点砍去，技术含量不太高。之后教赵福进凿刻各种常用的线条，赵福进跟着师父赵化同主要学习了"一寸一錾、一寸三錾、一寸一錾、乱錾找平、棋子块、麻宗道子、'一炷香'和刻花"几种常用的凿刻方法。其中，"麻宗道子"和"一炷香"这两种凿刻手法在技术上要求更高，也不是每个石匠都能学会。赵福进属于技术较好的石匠，人也刻苦，跟着师父学习一年即掌握了这种凿刻方法。这种方法对石头的形状和平整度要求很高，一般选取形状较好的大块条石，

图 3.24 土屋村传统建筑结构（2016 年摄）

图 3.25　村中废弃的小学，之前为关帝庙，有碑刻遗存（2016 年摄）

　　在凿刻之前，要先把石头表面找平，仅这一项工序就需要四遍。石面找平后，在条石上下左右四条边框处划分出宽度一致的长条边框，然后在每条边框内以 30 度倾斜角凿刻出直錾道。上下两边条框和左右两边条框凿刻的錾道方向要相反，这样看起来会有错落感。用这种凿刻手法打出的錾道，就是"麻宗道子"。

　　凿好四条边框的麻宗道子后，在中间条石表面处开始凿刻"一炷香"。"一炷香"要求錾道是直线竖条纹，錾道不能偏倚，每条錾道之间不仅间距相等，而且间距也较小，大概为 0.25 厘米。每条錾道的直线不用墨线划出，全靠石匠凭经验和技术用眼睛瞄直。"一炷香"凿法讲究一气呵气，线条才能流畅、笔直，与其

图 3.26　村小学硬山顶梁架结构（2016 年摄）

他凿刻手法相比，"一炷香"的凿法是最消耗石匠体力的活，因为在凿刻过程中拿錾子的手臂要一直挺着，不能随意晃动。打成"麻宗道子"和"一炷香"錾道的条石主要用在大门两侧最底端处：一是选石精良，可起到墙础作用；二是雕刻精致，可装饰墙面，具有"脸面"作用。

作为一名石匠，赵福进有錾子、钢钎、锼子、大锤、二锤、手锤等工具几十把，每个工具都有不同的用途。如錾子，因用处不同，錾子的分类也不同，有长短錾，也有扁錾，都是铁制。同时，錾子的前端还有尖口和平口之分，尖錾是头端有尖形的锋利的尖刃，一般用于细凿刻，打制花纹、线条和镂空用。扁口錾也即平錾，则多用于后期石头的铲平。钢钎是一种形状像錾子，但比錾子粗，一般用它来撬石头或破石头，当石头需要劈开时，打出一道石缝，将钢钎放置石缝中，手持大锤砸向钢钎，石头就会分裂开。锼子是开采石头用的，嵌入石缝中，通过击打使石头破开。大锤也是取石头用的，长柄，锤头较大。二锤，也是破石头用，比大锤稍短一些，中长柄。手锤是用得最多的，配合錾子来用，通过击打铁錾，凿出不同纹样，手锤柄把较短，手持方便。

赵福进说，打石头看着简单，但要做到錾出的成品粗细宽窄一致，线条精美，道道笔直，不折不断，并不是一般石匠能做到的。相比村里其他石匠，赵福进的手艺称得上是最好的。当学徒3年后，赵福进就出师了，开始组建班子给人家盖房子。盖房时先给主家测量地基大小，这个技术也是师父赵化同教的。那时候测地基都是自己做的木尺子，一根两米长的木条上，一面刻上尺度，一侧凿出凹凿。因为土屋村的地面都是生土，地基一般打40

图3.27　村内小广场边的石臼（2016年摄）

图3.28　村内石匠过去建房时必备的石刻工具（2016年摄）

图 3.29 鸭子戏水石雕门枕（2016 年摄）

图 3.30 拴马石（2016 年摄）

厘米深即可。在盖房时，大块石头放在最底下，每层石块的高度要基本一致。一座房子的建成，需要石匠、木匠和瓦匠等多个工种，赵福进组建的盖房队伍一般有七八人，主要负责为主家打地基和建造石头墙体。打地基时，将大条石铺在地基处，一般房屋下层用的石头比较大而厚，在砌石墙时，每层石块要保证一样的厚度，越往上用的石块可以薄一些。如果盖 3 间房，半月的时间就能将房屋墙体搭建好。

墙体搭建好后，就进入建房中最重要的一道工序——上梁，上梁也意味着房屋临近建成，据赵福进说，上梁有很隆重的仪式。在上梁当天，主家和工人都要早早地起床，准备上梁的工作。主家要准备鸡、鸭、鱼、肉等一些供品，在院子当中摆好供桌，放上供品，设上香炉，供品的准备根据主家的经济条件而定，无统一规定。然后请村里写字好的有学问的人写上一副红对联贴在大梁上，以求吉祥。如果主家盖的 3 间房用的是两架梁，就写一副对联，分贴在左右两架木梁上。左写：鲁班问梁何日上；右写：太公答曰今日吉。如果是 3 间房一架梁，就写一副"太公到此诸神退位"的字，贴在梁架上。在梁上贴上红字后，负责包工的包工头就要在供桌前焚香磕头，然后，燃放鞭炮，完毕，负责给主家盖房的匠人们就开始围坐在桌前吃饭。过去农村生活非常贫困，做石匠、木匠或瓦匠的手艺人，在主家上梁这天，也都盼着能沾点喜庆，吃上一顿好饭。木梁上好后，就要在梁上放置檩条，檩条一般取单数，或 9 根或 7 根。在放置檩条之前，梁柱与檩条之间要放一个 10 厘米左右高的圆柱形瓜柱墩，然后再将檩条的一端放置在瓜柱墩上。有几根檩条就要放几个瓜柱墩。瓜柱墩的放置可以起到加固檩条与梁柱的作用。檩条铺设好后，就要在檩条上面开始铺设苇箔，苇箔要铺得密实。铺好苇箔后，还要在苇箔上面铺一层麦秸草，这两层铺好后，就开始抹上一层厚厚的泥土，增加屋顶的密实度和防渗性。泥土就地取材，用水和好即可。抹上泥层后，就在泥土上面再抹上石灰顶，石灰顶用白灰和沙子混合，加水拌匀，过去白灰都是用石头烧制而成，有专门烧白灰的厂子。一间屋大概需要300斤白灰，3间屋就得要准备1000斤白灰。石灰屋顶要抹十二三厘米厚，抹好以后，再用石槌一点点地捶实，晾上半个月，基本就结实了。房屋建好后，接下来就是对房间内部墙体进行整饰。因为是石块砌墙，与房屋外围的墙面相比，屋内的墙面就显得比较粗糙，这时候，人们一般用麦秸草混合泥土和水，三者掺匀后，形成麦秸草泥，用来涂抹屋内墙面。

土屋村人勤劳朴实，心灵手巧，即使身处山村也能将日子过得有滋有味，不仅房子建得好，而且还有特色的吃食，具有浓郁山村风味、味道独特的黄面窝窝，就是土屋村人特有的最爱的吃食。

黄面窝窝主要用料有黄米面、豇豆、大枣、糖。其中所用主要原料黄米是土屋村人自己种植，也就是人们常叫的"黍子"，这种米主要产自北方，与小米相比，颗粒比小米稍大，颜色淡黄，煮熟后很黏。每到过年时节，土屋村每家每户都要做一些黄面窝窝，或待客或自吃，或者作为一份特有的礼物送给亲朋好友。黄面窝窝已经成为村里人家节庆时必备的吃食，据村里人说，平常日子里不会做这个，一是吃起来不如过节时有滋味，二是心里缺少一种仪式感。不知不觉中，这些看起来其貌不扬的黄面窝窝已经成为土屋村人一种特殊的情感寄托。

北黄崖村：
齐长城起点旁的唐代古村

1. 地理环境与历史沿革

北黄崖村位于济南市长清区孝里街道，与中黄崖、南黄崖村相连。北黄崖村地处泰山西北支脉，呈四周高、中间低的地势，坡度大于 10 度。村北部为胡林坡村，西北部为济菏高速，西南为大峰山风景区，东南部隔山与双泉镇接壤。

北黄崖村民主要有程、王、钟三大姓氏，程氏居于中部，南部多王姓，北部多钟姓，还有部分李、董、魏等姓氏。北黄崖村建村有 1300 多年的历史。相传在唐开元年间，临清县刘文槐携家带口逃难来到北黄崖村，他看到此处四面环山，比较安全，便在此定居。

北黄崖村初属河南道济州长清县，贞观十七年（643）废济州改属齐州。北宋时，北黄崖属京东东路齐州济南府长清县。金代，北黄崖属山东东路济南府长清县。元代，北黄崖属中书省泰安州长清县。明代，北黄崖属山东济南府长清县。洪武年间，自山西洪洞县有人陆续迁移至此，故村落逐步扩大。清雍正二年（1724），属泰安州长清县。清雍正十二年（1734），复属济南府长清县。民国元年（1912），北黄崖村属岱北道长清县，1913 年改属济南道，1928 年北黄崖村属山东省长清县。新中国成立前后，先后隶属鲁西北第四地委、泰西专属、泰安专属、济南市。2001年，长清撤县设区。北黄崖隶属于济南市长清区至今。

图 4.1　北黄崖村在清道光十九年（1839）《济南府志·济南府属总图》中的位置（此图据原图着色）

2. 村落空间格局

北黄崖村沿山体建造，整体呈扇形分布。村庄青石主路位于村北，由兴善桥连接道路南北两侧。青石路从村北侧蜿蜒而上，串联九圣堂，绕山坡形成环形道路，以村主路为轴线，向东西两侧分出多条支路，呈现出鱼骨状形态。团结桥跨越村北冲沟，连接村北新村与老村。由此，形成"两横三纵"的村庄道路网络。

图 4.2　北黄崖村鸟瞰图 (2021 年摄)

随着北黄崖村的建设发展，村庄中的核心公共活动空间也不断变迁。明清时期，以南北影壁墙、九圣堂为核心的公共空间，成为村民祭祀、集会的中心。20 世纪 80 年代以后村庄向西发展，村南北向主路西侧建设中心广场，成为村中老人聚集、娱乐、休息的主要场所，是现在村中利用率最高、活力最好的公共空间。

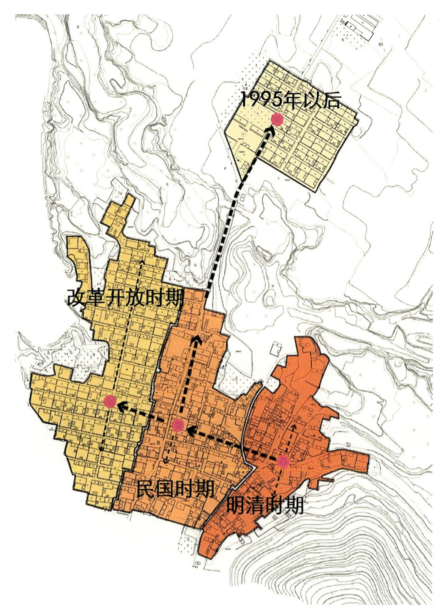

图 4.3　北黄崖村落历史演变一览图

3.村落典型历史建筑

　　北黄崖村的传统民居建筑多为石砌，采用石墙承重，屋顶多为囤顶，院落以合院为主，但并不是传统的四合院形式，而是多以三合院和不规则的散院为主。因为村落建在山坡上，民居建筑受地形影响较大，需因地制宜，顺应地势，部分房屋石质地基深厚，房屋与房屋之间落差较大，造就了北黄崖村丰富多样、与环境完美融合的民居建筑形式。

图 4.4　北黄崖村口处受地势影响，民居建筑台基高大，全石到顶，窗户挑檐均用石块搭接，实用且极具地方特色（2023 年摄）

　　除传统的石砌房屋之外，北黄崖村在兴善桥北侧的山坡下还留有窑洞的民居形式。据说，窑洞是当时贫困的村民无钱盖房就凿洞成屋，并在窑洞的前方用石或木材垒起围墙，形成一个生活居住的空间。

图 4.5　山东少有窑洞，虽然已经废弃，但仍可见其特有的生活气息（2023 年摄）　　图 4.6　二居室窑洞的内部场景手绘图（张林旺绘）

图 4.7　北黄崖村村落入口处受地形影响较大，导致建筑地基深厚、墙体高大（2023 年摄）

兴善桥位于村北，是沟通两端石板路的主要桥梁，为当时人们的生产、生活发挥了巨大作用。在桥头南边右侧曾立有一方碑碣，详述建桥过程，后石碑不知所终。因桥是村人朱现典出资建造，当地人俗称"朱家桥"。在民国版《长清县志》有关于朱家桥的记载："兴善桥，距（长清）城六十五里，在黄崖庄北首，村人朱现典自修。"

图 4.8　连接两侧石板路的兴善桥（2023 年摄）

图 4.9　兴善桥雕工细腻的蚣蝮首，蚣蝮又称避水兽（2023 年摄）

图 4.10　兴善桥活灵活现的蚣蝮尾（2023 年摄）

　　九圣堂建筑为单体式建造，采用方石砌筑，建筑屋顶为囤顶。九圣堂墙面做工精细，线条流畅，墙体坚固整齐，石块表面的雕琢痕迹明显，纹理清晰，排列有序。九圣堂古时供奉九位神仙泥塑，香火鼎盛。九圣堂西侧为古时打更之人晚间住宿歇脚之所，东墙保存有光绪年间石刻石壁，内容为禁止北黄及周边村庄开采周围山石，以保护村庄风水气脉，保佑村民免受灾害。

图 4.11　九圣堂的石块表面打细工艺精湛，纹理清晰，排列有序（2023 年摄）

　　在九圣堂墙壁上有一石碑，记载了村民关于对山体保护的村规民约。

　　全文如下：

　　盖闻山川灵秀之气必有所聚，黄崖庄近临堂子山，乃灵秀之所聚也。遥瞻诸峰林壑而尤美，此皆间荣也。乃有无知之人或开山以乘屋，或起石以垒堰，动则不吉，合庄不安，祸患从此而起，良可慨矣！合庄公禀。叶天案下查明禁止永不许任意起石。以后山不动而一乡平安，虽不能尽成美里而祸患可以免矣。倘若再有不法之徒，合庄协同约地，措名禀究，特示各宜懔遵勿违，永垂不朽云。

　　钟长鸿　董汝钦　撰书

　　三黄崖首事公立

　　大清光绪三十年

图 4.12　九圣堂墙壁上刻有光绪年间村民关于对山体保护的村规民约
（2023 年摄）

石佛堂始建于唐代开元二十五年（737），距今已有近 1300 年的历史。石佛堂位于北黄崖村北侧的山坡上，建筑为叠涩式全石建筑。石佛堂坐北朝南，平面为长方形，东西长 180 厘米，南北宽 152 厘米，高约 186 厘米。石佛堂内墙壁上采用浮雕工艺，栩栩如生的人物形象雕刻繁多，尖拱龛内佛像各异，有的为独尊，有的为一佛二菩萨，均坐于须弥座上，作禅定像。造像衣纹流畅，刀法力健，可惜面部均已毁坏。石佛堂前有一处田地，被称为"金水地"，它与庙内盛水的石槽有直接关系，曾经规定：凡是种"金水地"的人不收取任何的地租，条件是保证庙内的石槽不能干涸，以便来往的行人休憩时使用。2006 年石佛堂被列为山东省第三批省级文物保护单位。

图 4.13　石佛堂内部石壁上雕刻着众多佛像
（2006 年摄）

图 4.14　采用浮雕工艺雕刻的佛像
（2006 年摄）

图 4.15　叠涩式全石结构的石佛堂（2023 年摄）

　　位于村南的北黄崖毛主席影壁是用精修后的料石砌筑而成。影壁台基为须弥座式，一颗五角星立于壁顶中央，壁身绘有一幅毛主席立身像，面容和蔼、衣袂飘飘，自有一种平和却也威严的领袖风范。2013 年 12 月 20 日长清影壁建筑群被济南市政府公布为第四批市级文物保护单位。

　　梯子山寨位于北黄崖梯子山山顶，山寨整体近似呈三角形分布，山寨墙体依山势而建，巧妙地砌筑在悬崖峭壁之顶，居高临下，易守难攻。山寨由两道寨门组成，第一道设在山腰处，扼守住唯一出入口；二道门更加险峻，城墙高大、敦实，上面布满了瞭望孔。这种设置俗称"扭头门"，增加了敌人进攻的路程，特别是利用高差，既可有良好的视线，又能很好地隐蔽自己，可谓独具匠心。

图 4.16　梯子山洞（2023 年摄）

　　进了二寨门，便是遍布山顶的石屋，共计 500 间左右。寨内除个别石屋外，面积都较小，只有 10 平方米左右，高度大都在 1.8 米左右。石屋由厚薄不同的石板叠压垒砌，颇具美感。屋顶用材一层层堆叠向上向里收进，最上覆以一块较大的石板，这种建筑被称为叠涩式建筑，在当地又称为叠岩式建筑。

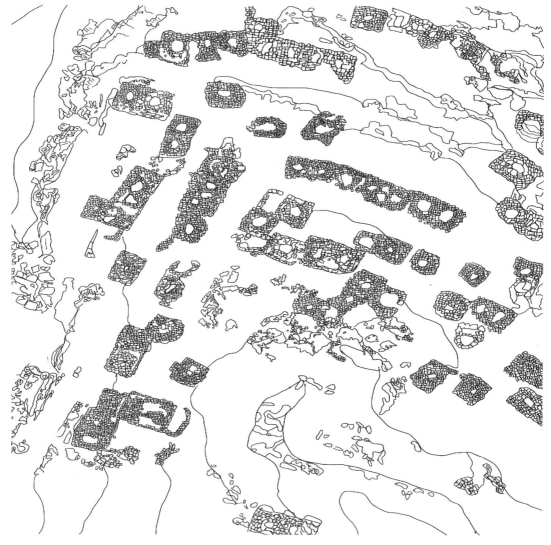

图 4.17　梯子山寨手绘图（张林旺绘）

根据《山东省长清县地名志》记载，清朝咸丰年间，村民为了躲避捻军的侵扰来到山上，修了营寨。孝里街道境内的古山寨远近闻名的有大峰山齐长城山寨，也有不知历史时期的方峪西山寨、南凤东山寨等。梯子山古山寨在国内同类山寨建筑中，无论是建筑规模、房屋数量，还是保存完好的程度，都较为罕见。

程家街建筑群始建于元代，总占地面积 1954.61 平方米，建筑面积 896.17 平方米，建筑层数多为一层，共计 31 间，户主为程泗泉、程泗贤、程泗青、程安柱、程泗青、李秀玲、钟传礼、宋同英等，户籍人数为 18 人。建筑群为合院式，正屋、东厢房、西厢房全部采用方石和土坯砖砌筑，屋顶为囤顶。所有院落整体平面均呈矩形，但又并非完全中轴对称式，门窗均为木制。

图 4.18　全石砌筑的传统民居，三开间，石挑檐，囤屋顶（2023 年摄）

图 4.19　程泗贤大院为村落中典型的合院结构，虽已大部分坍塌，但其正房、耳房、厢房依旧清晰可见（2023 年摄）

图 4.20　石质过梁上的菱形图案（2023 年摄）

图 4.21　卡门石上的葫芦造型（2023 年摄）

　　程家街建筑群墙上的拴马桩、门前的上马石、墀头上的精美雕刻、大门设置的流水飞檐，它们的存在无不见证着程家街建筑群的历史文化与沧桑岁月。

图 4.22　民居沿街墙面上造型古朴大方的拴马石（2023 年摄）

图 4.23　通往魏家老宅的小路，西侧建筑墙体为打磨细致的方石垒砌，而东侧的院墙则使用不规则的碎石垒砌（2023 年摄）

图 4.24　钟甲勇宅院外立面上留有通风的石质小窗以及拴马石，建筑全石到顶（2023 年摄）

图 4.25　北黄崖村主入口东侧院落虽已荒废，但使用青石垒砌的墙体依旧坚固（2023 年摄）

图 4.26　弧形挑檐石和整块条石组成
的雨搭（2023 年摄）

图 4.27　曲线优美且实用的石质排水溜子（2023
年摄）

图 4.28　南、北黄崖之间的中黄水库（2023 年摄）

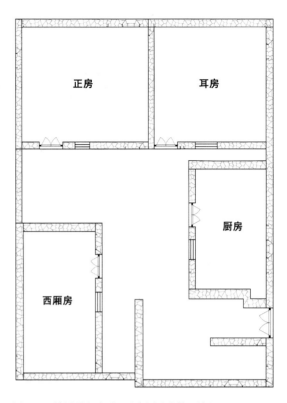

图 4.29　钟甲勇宅院平面示意图（张林旺绘）

4. 村落民俗生活与非遗传承

打石技艺是北黄崖村中一项流传颇久的手工技艺。88 岁的王庆明是北黄崖村打石技艺精湛的石匠之一。根据访谈得知，孝里街道东风渡槽修建时，村里派出的四位能工巧匠中便有王庆明师傅，并且"东风渡槽"四字中的"风"字便是王庆明师傅雕刻的。王庆明师傅的打石技艺是在 37 岁当兵返乡之后，向同村好友王玉溪学习的。当时石匠是个很受欢迎的职业，村民建房都会用到石料，石匠必不可少，因此，村里有不少人争着学这门手艺。那时，无论家庭情况如何，都会炒上两个菜款待石匠师傅。

在王庆明师傅 46 岁时，他参与了东风渡槽的修建，主要从事垒石工作。当时渡槽要求石块砌缝不能超过两厘米，工艺要求较高。施工时，首先，槽下的师傅们先按要求用铁錾对石块进行粗加工，然后用铁索通过梯形架一层一层拉到王师傅手中。王师傅再进行修正、垒砌。石匠的工具有各种型号的錾子、木角尺、墨斗、线垂、麻绳、大锤等，每件工具都有各自的用处，其中錾子的用处较多，剖、削、镂、铲、磨等都要用到它。根据用途不同，錾子的分类也不同，有长、短、扁以及尖口和平口之分。随着时代发展，生产方式和思想观念不断更新，传统石匠传承人逐渐减少，王庆明也成为北黄崖村最后一代石匠。

图 4.30　程大爷演示石匠工具的使用（2023 年摄）

图 1.31　技艺精湛的石匠王庆明（2023 年摄）

图 4.32　传统打石工具（2023 年摄）

图 1.33　刻有"莱"字的石匠工具
（2023 年摄）

　　处于山坳中的北黄崖村，倚大山之优势，村民对山上野生的各种中草药也情有独钟。村庄西边的梯子山盛产各种中草药，如柴胡、远志、酸枣仁、连翘、桔梗、仙鹤草、地黄、车前草等，其中尤以远志、酸枣仁居多。野生的酸枣仁因市场价格昂贵，药用功效较好，倍受村民青睐。每年逢酸枣成熟的季节，村民都会去山上采摘，晒干后剥出里面的枣仁，卖给收草药的药贩。酸枣仁具有养心益肝、宁心安神、敛汗生津的功效，如果平日有虚烦失眠、惊悸多梦、出汗不止等症状时，村民们都会用一把酸枣仁泡水喝。有的村民还会把酸枣叶炒成茶，每天泡茶养生。据了解，北黄崖村村民每年采摘酸枣仁的收入都有一两万元。与酸枣仁同样具有养心安神功效的还有山上的远志，这也是村民喜爱之物。在北黄崖村调研期间，被问及的村民都耳熟能详地说出几个远志的主治病症。不只如此，在外工作的北黄崖村儿女也惦记着这些从小与他们的生活紧密相联的中草药，无论是居外，还是出门远行，总是会让家里的父母提前准备好采摘晾晒好的远志、酸枣仁、车前草等装在行囊里。也许在他们心里，带走的不仅仅是一份中草药，更多的是凝聚在心头的家乡生活的情结！

伍

南黄崖村：
黄崖山下的石屋囤顶村

1. 地理环境与历史沿革

　　南黄崖村隶属于济南市长清区孝里街道办事处，距孝里街道驻地仅 3 千米。南黄崖三面环山，西靠齐长城，南依大峰山，北接北、中黄崖村，东临黄崖寨，因石崖呈黄色而得名，又是"三黄"村最南边，故称南黄崖。

　　南黄崖、北黄崖、中黄崖在历史上为一处村庄。唐开元二十五年（737），《石佛堂碑记》上即有"黄崖"庄名记载；明崇祯八年（1635），《修三官庙碑记》有"大明国山东济南府肥城县黄崖庄"记载；清同治五年（1866）九月黄崖寨惨案发生；清光绪三十四年（1908）修《肥城县志·方域》载：南黄崖、中黄崖为肥城县孝德乡所辖，属"北流社"。此时黄崖庄已分为 3 个自然村，南黄崖、中黄崖属肥城县，北黄崖属长清县；1939 年，孝德乡划属长清县；1941—1946 年南黄崖属峰山县；1949 年新中国成立后南黄崖属长清县第十区；1958 年，属孝里公社；1959—1961 年南黄崖划属平阴县；1984 年，属孝里区；2001 年南黄崖属济南市长清区孝里镇；2016 年，属孝里街道办事处。

图 5.1　南黄崖村在清道光十九年（1839）《济南府志·济南府属总图》中的位置（此图据原图着色）

2.村落空间格局

　　南黄崖位于大峰山东麓黄崖谷地，东侧黄崖山体连绵不断，环绕村落，形成山、村互望的格局。村内地形相对平缓，适于村民生活生产，形成线性村庄聚落发展模式。整个村落顺应山势，呈狭长带状，村落的腹地开阔，村庄规模较大。村中交通由 3 条东西向主路和两条南北向主路，相互交叉相连，形成"三横两纵"的交通网络布局。村中支路依地势而建，西高东低，路网密布。

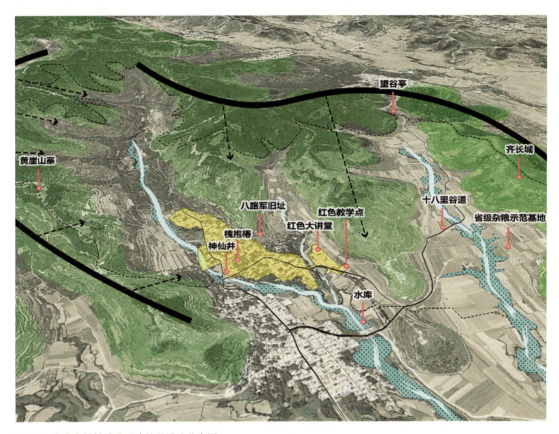

图 5.2　南黄崖村村域重要建筑及设施分布图

　　明清时期南黄崖村建筑主要聚集在村庄核心区低洼地带，面积约 3.8 公顷；20 世纪 50 年代根据村庄发展的需要，村庄由裴延江老宅向南北双向扩展约老村 4 倍大小；20 世纪 80 年代继续向南部山谷地带扩展增加约 3 公顷。2000 年后，村北交通便利，村庄跨越沟渠，向北发展新村。现村内保存较好的传统民居建筑主要集中在村东、村西两条南北向主路上。村里新建建筑较多，并且新村与老村之间没有明显的分界线。

3. 村落典型历史建筑

　　因南黄崖村石材资源丰富，经济相对铰弱、对外交通不便，为节省运输和建造成本，村民大多就近开采山石建造房屋，因而石头民居最多。由于石材质地坚硬、抗压耐磨、经久耐用等特点，所以即便废弃已久的石头房除部分屋顶外，大部分得以保存。

图 5.3　民居建筑多使用当地山石建造，全石到顶，形成地方特色（2023 年摄）

图 5.4　南黄崖鸟瞰图（2021 年摄）

　　南黄崖村传统民居建筑仍为合院形式，有三合院、四合院等，以囷屋顶为主，囷顶里层采用苇箔、檩条作支撑，外层采用石灰、沙子捶顶。根据砌石加工程度不同，大体可分为两类：一类以精修料石砌筑为主，石料打磨精细，线条流畅，处理工序相对复杂，包括修边、打荒、鉴凿、剁斧、磨光等多道工序，尺寸规整、表面平整，有的还会经过特殊处理形成特别的装饰纹理；另一类石材尺寸大小不一，多以干垒的方法，大的石材中还会填塞小石块，外墙面保留了石材开采后原本的自然肌理，整体来看相对粗犷古朴。

图 5.5　王家老宅墙体石块打磨细致（2023 年摄）

图 5.6　王小军宅院门楼及院墙石块无过多打磨，相对粗犷（2023 年摄）

图 5.7　传统民居建筑建制多为三合院或四合院，一般北屋为正房，东西两侧为厢房（2023 年摄）

　　村内大部分院落格局保存较为完整，正房一般在北，面阔 3 间至 7 间，以上者罕见，东厢房多用来做厨房，西厢房和倒座较多用来住人、储物，或者养牲畜。

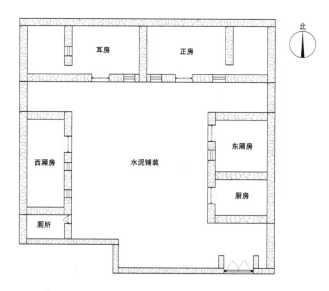

图 5.8　范小军宅院平面示意图（张林旺绘）

图 5.9　范小军宅院正房山墙石未经细致打磨，屋顶为囤顶（2023 年摄）

　　据统计，南黄崖现有 128 处保存较好的院落约占全村建筑总面积的 13%，仍在使用中的约占 50%。

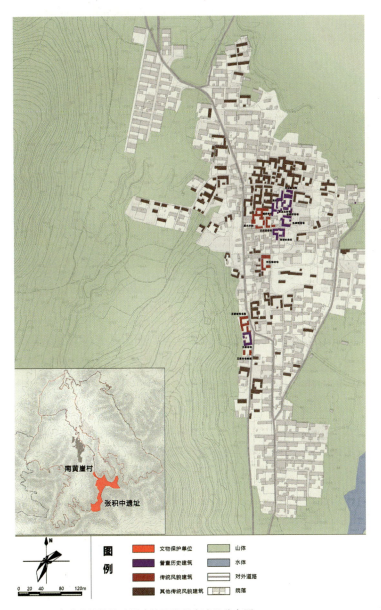

图 5.10　南黄崖村传统民居建筑及张积中遗址分布图

　　南黄崖村传统建筑主要分布在村里前、中、后街上，村东南的黄崖山上还有一个黄崖寨遗址，是清末太谷学派传人张积中耗费十数年建成并经营的一处规模宏大的建筑群，盘卧在黄崖山顶，现已成为研究张积中和"太谷学派"的重要历史遗存。

图 5.11　虽被山林掩盖仍清晰可辨的黄崖山寨（2021 年摄）

　　大寨门是黄崖寨的标志性建筑，寨门主要由掩体和寨墙两部分构成，外围掩体呈弧形，全部由石块堆砌而成，掩体西侧有一门可以进入寨门内部，内部区域广阔。二寨门距一寨门有数十米，寨门分左右两垛对称分布，寨墙宽近二十米，残高约四米，寨门宽约五米，进深约三米。后寨门占据有利地形，横亘于山坡之间，是东南两面进入山寨的唯一通道，狭小且险峻，现存寨墙高耸，寨门极阔。祭祀厅是黄崖寨的主体建筑，是寨主张积中办公场所，也是他和家人、弟子二百余人自焚身亡的地方。黄崖山寨还有各式石屋 1600 多间，面积不等，规格不一，总建筑面积约六万平方米，或依山势而独建，或连片成排而起，漫山可见，规模极其宏大，现房顶多已坍塌。

图 5.12　王家老宅手绘图（张林旺绘）

　　除张积中遗址外，南黄崖村还有王家老宅、魏家大院等众多传统民居建筑。

　　王家老宅为两进合院式民居，囤顶，墙体多由料石垒砌而成，石材表面打磨平整，粗犷大气中透着精细。条石过梁，开窗较小，房内采光较差。大门墀头上雕牡丹花，造型生动，纹式流畅洒脱，寓意富贵吉祥。西厢房倒塌，东厢房及正房保留着传统板门及木窗。屋沿处有整石雕刻而成的排水溜子，有的呈直排式，有的呈弯曲状，造型灵巧。2018 年王家老宅被列入济南市第一批历史普查建筑名单。

图 5.13　残损的二寨门（2023 年摄）

图 5.14　一寨门内部（2023 年摄）

图 5.15　卡门石雕刻着造型生动的荷花图案（2023 年摄）

图 5.16　民居外墙上仍保留着圆形拴马石（2023 年摄）

图 5.17　王家老宅青石垒砌的高耸外墙，且建有男女公共厕所，体现了"与人方便，便是与己方便"的朴素哲学思想（2023 年摄）

魏家大院原为魏氏家族老宅，后因兄弟分户，院内建隔墙将其分为两个独立合院。在院落入口处采用"兄弟门"形式，"兄弟门"为魏氏兄弟分家时所建造，将原本的一处入口改为两处，兄弟两人分别从各自的门户进入宅院，这种大门的设计不仅满足了分户使用和家庭居住建筑私密性空间的要求，而且又维护了家族亲情。现东侧院落入口大门仅存石门框，院落正房为方石墙体，屋顶已倒塌，门窗过梁、排水溜子等构件仍保存完整，石工雕刻精美。

图 5.18　为满足兄弟二人的使用，一堵石院墙，将原本完整的院落一分为二（2023 年摄）

图 5.19　弧形挑檐石挑起整块
条石形成的雨搭（2023 年摄）

图 5.20　南黄崖村的传统石砌
木棂窗（2023 年摄）

村内的古树"槐抱椿"，据传树龄已超几百年。椿树扎根在古槐树开裂、枯朽的树凹里，十分罕见。两棵树相互依偎，枝繁叶茂，遮天蔽日。槐树需3人方能合抱，周径足有4米多，高约20米，树冠硕大。

图 5.21　古树"槐抱椿"（2023 年摄）

南黄崖村秉承了长清地区传统民居建筑特色，兄弟门、墀头、石雕、拴马石、排水溜子等建筑构件，极具地方特点。多种多样的历史文化遗存反映村民自古至今生活的点点滴滴，成为南黄崖村的重要文化符号。

图 5.22　造型简约实用的排水溜子（2023 年摄）

图 5.23　山东纵队第六支队故址窗户的"石过
梁"（2023 年摄）

图 5.24　设在大门墙体上的壁龛（2023 年摄）

图 5.25　屋顶略微拱起呈弧形，四周低、中间高的"囤顶"（2023 年摄）

4.村落民俗生活与非遗传承

　　一直以来，南黄崖村都有着丰富的民俗文化生活，每到春节、
元宵节都会有文艺演出活动。文娱演出以打花棍为主，参与者上
到老人、下至孩童，整个花棍队伍表现力与感染力极强，这也是
南黄崖村最为盛行的文娱活动。打花棍又名霸王鞭，相传是宋太
祖赵匡胤当年兴兵讨伐各自称雄的五代十国时所创，村内的"打
花棍"则是由村人张太勤从延安带回到南黄崖，并且一传十、十
传百，逐渐在孝里一带流行起来，现在周围村庄的打花棍都是从
南黄崖村流传出去的。

图 5.26 南黄崖 2022 年元宵花费明细（2023 年摄）

图 5.27 南黄崖村最为盛行的文娱活动打花棍（2023 年摄）

南黄崖村石匠手艺传承悠久，技艺精湛，干垒技法通常先清除毛石表面泥垢，敲去尖角薄棱，砌放平稳，砌缝密合，相互压紧，外形平整，再用片石把石块间隙塞实捣紧，使每个石块都能保持稳定，并结合成为一个整体。特别是村里部分讲究的建筑墙体还采用了锅贴填缝法，因石块与石块之间缝隙很小，只能用铁锅上的铁片填缝，这不仅使墙体更加坚固结实，也成为南黄崖村传统民居建筑的一大特色。

图 5.29 石刻工艺（2023 年摄）

图 5.28 南黄崖村的传统石匠艺人（2023 年摄）

图 5.30 墙体石块之间的缝隙用"锅贴"进行填缝（2023 年摄）

陆

岚峪村：曾属泰安府的『挂屋子』村

1. 地理环境与历史沿革

　　岚峪村坐落在济南市长清区孝里街道6千米处的大峰山西南山脚下，南与马岭村相邻，北与南黄崖村接壤，距离济南市主城区67千米，G220国道和G35高速公路北绕岚峪村而过，对外交通便利。村落三面环山，有着丰富的石材资源，植被覆盖率高，齐长城自村北盘亘而过。全村现有400余户，1300余人，土地面积3200亩。

　　据传，因岚峪村所处位置自古缺水，树稀地懒，村庄初名懒峪。而在《长清县地名志》中，明万历二十四年（1596）重修大峰山的"泰山行宫碑"上，也有懒峪庄的记载。后来，道士燕阳秀住持大峰山峰云观，见大峰山有雾气腾腾之景象，便更懒峪为岚峪，村以峪名，又叫岚峪庄。清道光《肥城县志》载，元至元十年（1273）岚峪村属泰安府肥城县，直至1939年岚峪村才由泰安市肥城县划属济南市长清县。岚峪村现处于济南、聊城和泰安三界交会处，是大峰山革命根据地的核心村、堡垒村，也是中共长清第一届县委成立地。

2. 村落空间格局

　　岚峪村属于典型的丘陵地形，地势东高西低，传统民居建筑多为明清时期依山势、地形沿等高线营建。"老前街""芙蓉街"形成了贯穿古村落的"一横一纵"的基本道路格局，而支路网又

图6.1　岚峪村鸟瞰图（2023年摄）

图6.2　岚峪村在清光绪十七年（1891）《肥城县志·四境图》中的位置（此图据原图着色）

十分发达，自"忠孝槐"处呈放射状连接各个重要节点。20世纪
70年代村庄进行扩建，又形成了在主路东南侧组团的村落格局，
20世纪80年代再次扩建，村落整体格局呈现不规则三角形态。

图6.3　岚峪村空间格局图

3.村落典型历史建筑

岚峪古村环境优美，历史文化与景观相互融合，保留着多处完整的历史文化要素，以关帝庙、石钟亭、"金石其心"碑、古地道、忠孝槐最为著名，从侧面反映出岚峪古村经济繁荣、文化多元、交通发达的辉煌过往。

关帝庙位于庙前街与老前街交会处，是村民集体祭祀的场所，新中国成立初期曾作为村小学使用，目前关帝庙已被重新整修。关帝庙门楼旁竖立着一座字迹已模糊不清的石碑，庙外还有一对雕刻精美但纹样不同的经幢构件，一个为八角形莲花纹经幢基座，另一个为鼓形经幢基座，初步认定是唐宋之物。

石钟亭位于关帝庙院内西南角，建于明清时期，但由于亭额题字已被毁坏，无法得知其具体的建造年代。该石钟亭保存较为

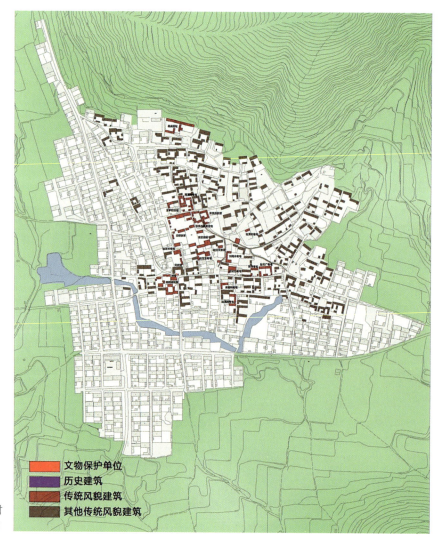

文物保护单位
历史建筑
传统风貌建筑
其他传统风貌建筑

图 6.4　岚峪村
历史建筑分布图

图 6.5　关帝庙石砌门楼块石规整，保存完好（2023 年摄）

完整且全部以青石搭建，石基座四角竖立着四根方形石柱，来支撑亭子的檐板及顶部，在亭子檐板的中心位置穿插有一根木质钟杠。据说原来挂着一个高两米多，几百斤重，八个人才能抬得动的古铁钟，遗憾的是，在 20 世纪中期古铁钟被砸毁炼了钢铁。

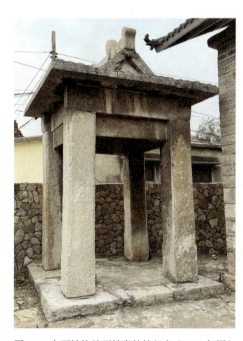

图 6.7　亭顶部穿插着一根木质钟杠（2023 年摄）

图 6.6　全石结构的石钟亭朴拙坚实（2023 年摄）　　图 6.8　经幢构件精美的石刻图案（2023 年摄）

"金石其心"碑位于村口街道边，为一方旌表节妇碑，此碑立于光绪年间，是朝廷为旌表岚峪村赵秉刚之妻刘孺人而立，石碑现用灰砖砌筑四周，加固保护。石碑高约2.5米，宽0.8米，为一整块石头做成，碑首为两条蟠龙相互缠绕，张嘴戏珠。20世纪90年代，石碑被一场大火烧得面目全非，字迹模糊，只能隐约看到其上刻"圣旨"两字，碑身刻"金石其心"4个楷书大字，右侧有"品顶戴山东巡抚"等文。

古地道位于老前街与华阳街交会处，据村中老人介绍古地道建于清朝之前，村民为躲避战争便依地形修地道。古地道全长约300米，宽约1.2米，其每隔8米建1个玄门，每30米加建3根石柱以增强稳定性，确保地道不塌陷。地道出口很隐蔽，直可通过一条深沟到村外石桥，再朝西、南两个方向躲藏。

忠孝槐位于村子的中心位置，是岚峪村古木之一，又称"三义槐"。树高3米，树围190厘米，树龄200多年。树身欹斜，上分三权，此树在岚峪古村的制高点上，过去曾挂有一口大铁钟，以作报信传警之用。

古村还保存有整体结构较为完好的民居建筑，如查家大院、南楼建筑群、县委旧址等。岚峪村民居房屋大多是明末清初所建，在材料的使用上可分为石头房和砖房。岚峪村房屋大部分为当地的石头垒砌，由于山路崎岖，青砖需从外面买来再运回山村，因此能盖得起砖房的都是大户人家。除平房外，村内还有5处"二

图 6.9　村口遗留的石碑，依稀可见"金石其心"四字（2023年摄）

图 6.10　岚峪村街边摆放着多个石磨（2023年摄）

图 6.11　古地道拱券式狭窄入口，隐蔽性强（2023年摄）

图 6.12 村中心的忠孝槐树干粗壮，枝繁叶茂（2023 年摄）

层楼房"，为了上楼方便，二层楼多建在房屋一角，当地人将这种建筑称为"挂屋子"。"挂屋子"既有砖结构也有石头结构，主要用来存放粮食或杂物。另外，岚峪村民居院落也颇具地方特色，院内除民居建筑外，还有地窖、圆形厕所与粮囤等特色附属建筑。

图 6.13 岚峪村张伟老宅门楼手绘图（薛鑫华绘）

图 6.14　岚峪村的石头房在窗户下面大多会建有一处地窖（2023 年摄）

图 6.15 村内散落着多个碌碡、石槽，现已废弃不用（2023 年摄）

　　村内几乎家家都建有地窖，地窖一般设在主屋门口两侧，村民在盖房时就预留出了位置。地窖入口一般建在主屋窗户下，顶部与院落地面持平，地窖内部空间略小于正房，高度约 1.3 米，拱形空间增加了承重能力。地窖内侧墙面上有一拱形洞口，村民们一年四季都会把蔬菜存放在洞口里，四季恒温，相当于现代冰箱的保鲜功能。拱形洞口旁的四方形洞口是放煤油灯的地方，冬天村民们会在地窖里纺棉花、织布、做衣服。抗战时期，大峰山独立营的战士们也曾在此做军衣和修枪械，形成了岚峪村民居院落的独特风景。

图 6.16 地窖位于房屋一侧的窗户下，空间宽敞，可储物、织布（2023 年摄）

图 6.17　岚峪村的圆形厕所，位于院墙
一角，极具地方特色（2023 年摄）

　　岚峪村民居院落的厕所被称为"茅子"，多设置在民居大门
的相对位置。为方便使用，保证足够的内部空间，茅子一般用毛
石以规整墙体或者以院墙一角为依托，由下至上砌筑成弧形，上
覆圆顶，并在外侧留有小窗，起到通风作用。

图 6.18　村内的二层石楼房，多建在房屋一侧，当地人又形象地称为"挂屋子"（2023 年摄）

图 6.19　岚峪村的砖房为数不多，在过去能用砖建房的多为富裕人家（2023 年摄）

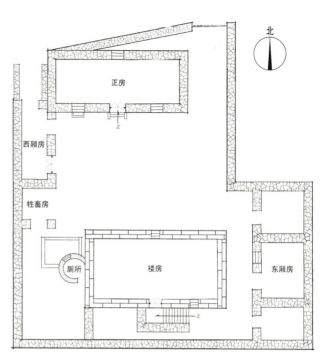

图 6.24 赵家老宅西院平面示意图（薛鑫华绘）

图 6.25 赵家老宅西院拱形门窗，砖石结构，建造精良（2023 年摄）

麦秸泥饰面。梁架及门窗均使用木质材料，梁檩多选择粗壮结实的杉木。木质门窗简单质朴，门窗两侧石墀头上部搭有 7 厘米厚的雨搭板，雨搭板和墙体之间的缝隙均用水泥堵住，水泥带有坡度便于雨水下落。房屋上方的小洞口，被称为"错眼"，位于门窗斜上方，间距不统一但有一定规律，一个门窗分别对应两个错眼，便于通风，在冬季会用干草或废纸堵上。

　　南楼建筑群（原赵家老宅）位于关帝庙南侧，本是多进式院落，但岁月变迁、兴衰沉浮后，院落几度易手，现已分为多户人家，保存比较完整的是东西两院。调研团队对已空置的西院进行了实地测绘，其整体呈现不规则矩形，布局灵活。院内保存着一座二层砖石楼房，其他建筑为分家后建造的石砌房屋。该二层楼采用平屋顶，以窗洞下檐为界，以下为料石砌筑，以上为青砖垒砌，砖拱券门窗设计很有特色且工艺精巧。料石规整砌缝较小，石缝中仅填有铁片，展示了其精巧的营建技术。

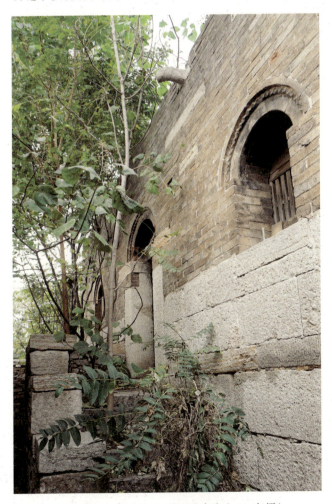

图 6.26　赵家西院二层楼房入口，有石砌台阶（2023 年摄）

图 6.27　赵家西院石缝中垫有铁片（2023 年摄）

图 6.28 县委旧址用打磨规整的条石砌筑（2023 年摄）

图 6.29 县委旧址石窗上的木栅格窗户（2023 年摄）

图 6.30 村内沿街立面上的石窗式样（2023 年摄）

县委旧址位于古村北部，紧邻上山道路，是抗战时期泰西革命根据地重要的策源地。院中修建地道，连接多个院落，方便人员隐蔽和转移。建筑整体采用暖色花条石砌筑，石块错缝排列工整有序，线条粗朴却不失美感，正房保留着一处木棂窗。除木窗外，村内还有石窗，由 6 块石板横竖组合而成，朴实耐用。

图 6.31 岚峪村民居沿街立面手绘图，门楼部分的石砌工艺最为讲究（薛鑫华绘）

图 6.32　岚峪村民居建筑门楼上各式各样的卡门石，侧面反映出村民不同的经济水平（2023 年摄）

　　岚峪村石砌建筑外观粗犷、不拘一格，但民居大门两侧的卡门石却展现出精致美感，制作不仅讲究且费工时，做好一块简单的卡门石纹样需要用上三四天时间，复杂的纹样则需要更多工时。讲究的人家会在卡门石上雕刻花纹，如荷花纹，象征着主人品节高尚、富裕吉祥；鱼纹有"鱼跃龙门""鲤鱼吐珠"，有着丰衣足食、子孙兴旺的寓意；竹节纹较为普遍，表示主家有气节，宁折不弯；还有葫芦纹、太阳纹等，都体现出村民对美好生活的向往。家境较困难的人家只讲实用，不会作过多装饰。

图 6.33　古地道旁仍在使用的石碾（2023 年摄）

图6.34　古村街巷立面以石为主、地面为青石板路（2023 年摄）

此外，有的沿街房屋外墙上砌有暖色"花条石"，工整有序，线条粗朴却不失美感，为古街立面带来了独特装饰。村内的拴马石、磨盘、石槽大多已废弃不用，只有石碾、古井还在使用。

4. 村落民俗生活与非遗传承

建于山坳中的岚峪村民风淳朴，村民们在长期的生产、生活实践中，形成了传承至今的戏曲民俗文化及宝贵的粮囤建造技艺。

岚峪村的戏曲文化已有几百年的历史，具体起始年代已无法考证。据传，在明朝嘉靖年间，河南省台前河南梆子剧社进京唱戏，随走随住随演，来到岚峪村，正好赶上正月十九庙会，唱了3 天大戏。本村南楼居士赵员外觉着岚峪村应该有个戏班，既能

图 6.35　暖色调的沿街立面花条石（2023 年摄）

图 6.36　沿街立面上的拴马石敦实古朴（2023 年摄）

丰富村民业余生活，还能挣钱养家糊口，于是就跟班主商量，留下师傅教徒弟，其他人员领足了盘缠进京，赵员外出了银子并且在村中建了戏台（现已拆除）。戏班成立后精英辈出，到各村各庙会演出，原来的徒弟都成了师傅，一代接一代的传了下来，至今村内还有几位 80 多岁的老人在闲余时仍会唱戏，拉二胡、板胡。

粮囤是岚峪村特有的院落附属建筑，在村民付连延老宅中，依旧保留着一座 20 世纪 80 年代建造的粮囤。粮囤作为附属建筑在院内没有固定的摆放位置，多选在闲空处，保证其朝阳。粮囤底部为基石，基石以上多为土坯墙。建造时先砌仓腿（粮仓四角），下设小口可养鸡，又可通风。上垒一块整石，再加垒一层30 厘米厚的料石作为墙基，之后再砌筑土坯砖，建造时用线拴石头作为标线，让土坯砖由下至上慢慢错开，使墙体倾斜一定角度，以加强墙体的稳定性和耐久性，墙厚一般为 100 厘米左右。由于粮仓开窗小，结构较为封闭，防潮效果较好，适用于存放粮食。

在交通不便、粮食资源短缺的过去，粮囤是家家户户离不开的生活伙伴，陪伴着村民走过了漫长岁月。但随着时代变迁，生产、生活方式的改变，曾经延续多年的粮囤建造技艺，如今也面临着传承问题。

图 6.37　粮囤建造工艺考究且摆放位置灵活，底部为基石，上部为土坯墙（2023 年摄）

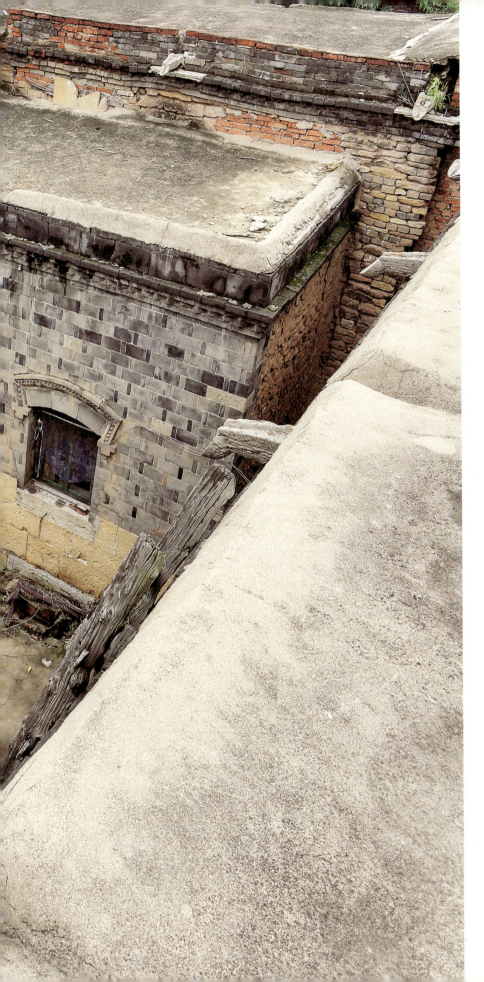

小张村：
囤顶房中的繁华聚落

1. 地理环境与历史沿革

小张村位于济南市长清区双泉镇的中南部，北靠王家庄、尹庄，南邻沈家庄。这个始建于明末的小山村，已经历过三四百年风雨，如今依然散发着幽古的文化气息。

村庄坐落于四台山前，西邻连绵5千米、有9座山头、山形酷似莲花瓣和莲蓬的"九顶莲花山"。此山有大小不一的山洞72个，传说每个山洞里都住着不同魔仙，当地人传："九顶莲花山72洞，洞洞有故事。"膝河流经村东。纵观全村：山水尽有，诸峰拱卫，青峰隐隐，映带如画，环境秀美，生态宜居。

张氏由大张村迁此建村，故村庄被命名为张庄。1937年，村子又更名为小张村。全村共100多户人家，350余口人，只有陈、赵、徐三个大姓，已没有张姓人家。据村人介绍，张氏建村之后，家族逐渐衰败，后人也都慢慢迁移出村。

2. 村落空间格局

小张村周边地势较为平坦，村子东西长、南北短，一条东西向的中心大街是村庄主干道，贯通全村；中心大街西高东低，向西直通九顶莲花山；村中其他巷道呈鱼骨状分列于中心大街南北

图 7.1 村庄东面的九顶莲花山及油菜花地（2018年摄）

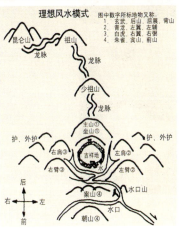

图 7.2　小张村村落选址与格局分析图

图 7.3　小张村自然环境分布图

图 7.4　小张村历史环境要素分布图

两侧；中心大街北侧有 10 多条胡同，其中最东部 4 条胡同是传统民居集中之处，多为清代民居，有陈家大院 5 处，保存状况一般，部分出现了坍塌；中心大街南侧有 5 条胡同，两侧民居多为新中国成立后至 20 世纪 70 年代建造的，保存状况较好。

图 7.5　巷道两侧的传统建筑立面整齐古朴（2018 年摄）

图 7.6　小张村的民居院落整体建造高大，封闭性强（2018 年摄）

图 7.7　小张村传统街巷现状分析图

图 7.8　砖石结构的山墙上端设造型别致的圆形开窗，是小张村传统民居的建造特色之一（2018 年摄）

村内街巷有的已被硬化成水泥路面，有的还保留着青石或鹅卵石铺砌的路面，一些石板路在岁月的洗礼、打磨下光滑锃亮。

3. 村落典型历史建筑

小张村依山势而建，西高东低，错落有致，布局紧凑，是传统的三合院或四合院式、土石砖结构的囤顶民居，这种石灰平屋顶是长清山区一带民居建筑的特色；房顶为木梁架结构，四周用青砖，垒起低矮的"女儿墙"；平顶方便村民晾晒粮食；土石结构，即基础为石材，墙体为夯土。长清一带的民居以土石结构为主，但小张村民居为进一步增加房屋的坚固性，大多增加了灰砖，即房基由大块规整方石砌筑，土坯砖砌筑墙体，再用灰砖对土坯墙体进行贴面处理，以防风化。这样大规模的灰砖囤顶建筑在长清仅有小张村一处，堪称囤顶房中的繁华聚落。

小张村土砖石囤顶民居院落正房一般为三开间或五开间，建造精良，形体高大，明显高于两侧厢房。正房门窗建造讲究，房门有的建成屋檐式结构，两侧墀头刻有石雕或砖雕图案，多为"梅兰竹菊"或"福、禄、寿、祯、祥"等吉祥图案和文字。开

图7.9　土石砖结构的民居房屋，土坯墙体外面用青砖进行包面处理，以增加墙体使用寿命（2018年摄）

窗造型多样，有的用青砖砌筑成屋檐式开窗，造型精致讲究；有的为拱券式开窗，美观大方；有的用整块石板做挑檐，也有的只是条石过梁的方形开窗，简洁质朴。平屋顶四周用青砖垒起矮矮的女儿墙，四周向外伸出排水的溜子，皆为石头雕刻，类型丰富多样。院落大门造型简单，无过多装饰。

图7.10　小张村砖石结构的民居建筑质量较好，开窗也很讲究（2018年摄）

图 7.11 传统民居院落连接紧密（2018 年摄）

图 7.12　陈家大院正屋，砖石结构，房顶建低矮的女儿墙，四周置排水溜子（2018 年摄）

　　目前，村中遗存的典型传统民居建筑为陈家大院。陈家大院坐落于小张村的村中央，紧靠大街，占地面积约 1.5 亩，是一座典型的全砖结构、囤顶的清代院落。陈家大院分前后两院，前院只剩下院墙和屋基础，北边院落则为格局完整的四合院，正房、东西厢房和南屋倒座一应俱全；正房五间，平屋顶四周垒高 40

图 7.13　民居大门两侧的砖雕墀头上一般会刻上表示吉祥的文字（2018 年摄）

图 7.14　砖石结构的房屋，暖色的条石砌筑墙体，增强了视觉感（2018 年摄）

厘米左右的"女儿墙"，并向外伸出 6 个青石排水溜子；东西厢房各有三间，正房和厢房的屋门做工精致，尤其是门楣上方的墀头和挑花雕刻得非常精美，北屋门上方的五个由圆弧瓦叠放的瓦花则简洁拙朴。

图 7.15　用石板搭建的门窗檐是村中民居建造的另一种形式（2018 年摄）

图 7.16　金星庙前的金酒盅泉，当地流传有金酒盅的传说（2018 年摄）

陈家大院里有一口古井，深约 20 米，井壁光滑，曾是吃水井。据村里老人讲，这口井已有 300 多年的历史。现在的古井虽已不再使用，却见证着小张村的沧桑历史。

除传统民居外，小张村还保留着金星庙、吕祖庙、灵山庙和关王庙等传统建筑。

出小张村绕山西行 1000 米，便是祖师庙，当地村民也称之为"金星庙"，为三开间，全石到顶，廊檐式结构，硬山屋顶，小灰瓦覆面，房屋墙体由规整条石砌筑，严丝合缝；庙宇周围古

图 7.17　嵌于吕祖庙内北墙壁上的《魁星点斗碑》（2018 年摄）

松、古柏郁郁葱葱，庙内香火缭绕。目前，庙宇由一个道人管理。庙前有两处山泉，泉眼似酒盅，当地流传有"金酒盅的传说"。此泉常年流水不断，泉水清澈。

在祖师庙院东有石屋一栋，村民称之为吕祖庙。此庙坐北朝南，面阔三间，全石结构，门窗上部各设有一块石板挑檐。屋内有3通碑刻，东、西墙上各嵌有施财姓名功德碑一通，《魁星点斗碑》嵌于庙内北墙壁上，碑刻高0.56米，宽1.28米，阳刻有魁星点斗图案和碑文13行，计76字，但没有明确记载年代，也无撰书人姓名。碑文如下：

图则古，文则经，何尔执笔上乘乎？列星天道耶？人事耶？

图 7.18　建造讲究的房屋大门和开窗，大门后被主家封起，另改房门（2018年摄）

图 7.19　条石过梁，石板挑檐的门窗结构，也是小张村民居建筑的特点（2018年摄）

图 7.20　巷道两侧的传统建筑立面整齐古朴（2018 年摄）

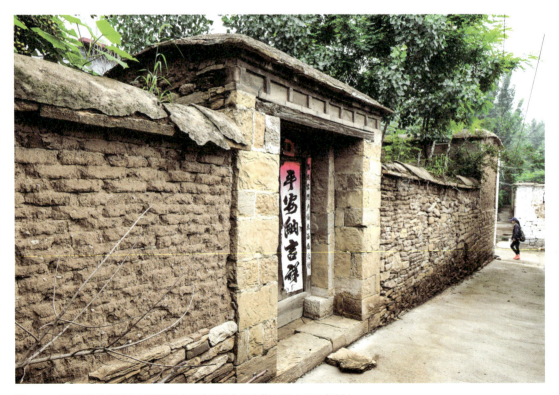

图 7.21　土石结构的围墙和石质闽顶大门共同围合起院落空间（2018 年摄）

会萃乎。笔墨之灵。时在壬申孟秋之月，仿青莲学士望后生求学之意，涂于松云轩下。因工程告竣，录乐捐善士于两壁，以志永远，后世纪念云。

4. 村落民俗与非遗传承

在小张村的民居院落内，普遍都建有一个地窖，地窖开口多为方形，洞口向下设台阶，地窖内面积约 20 平方米，有冬暖夏凉之特点。如今地窖基本被废弃不用，但少数稍加整理依然可用。据村里人介绍，地窖能作为储物之用，遇战乱或匪患时又可躲藏在里面，以避战祸；过去冬天妇女还会在地窖内纺线织布，即非遗项目"手工纺线织出的老粗布"，早年小张村能够自己纺线织布的人家不在少数，纺线织布有一整套的工序，许多工序都可以在地窖里进行。

图 7.22　全石结构的"金星庙"，是村民的信仰空间（2018 年摄）

图 7.23　屋门上方的门头建造极为讲究（2018 年摄）

纺线织布工序如下：先把弹好的棉花（又叫襛子）一片片地撕下来，铺在一块平砖上，再用挺竿（高粱秆最上面，高粱穗下面的一节）搓成一根根小棉花卷，这叫"搓布吉"；"布吉"搓好后，还要用纺车纺棉线，一手摇动纺车，一手拿着棉"布吉"，在不停旋转的锭杆子上抽出棉线，轻轻地向后拉，棉线就不断变

图 7.24　村中的古井，曾是村民日常取水之处，现已弃置不用（2018 年摄）

图 7.25　屋顶上的石质排水溜子（2018 年摄）　　图 7.26　门枕石上的团寿纹图案（2018 年摄）

长，再慢慢缠到锭杆子上。这样不停地纺，锭杆子上缠的线渐渐增多，变成一个大线团，叫"线穗子"；再使用"络车子"络线，之后，用开水调兑面粉成稀粥状来"浆线"，然后是牵机、递缯、刷机……最后才能上机织布，这一道道的工序造就了"乡村土布"。早年北方气候比较干燥，织布时容易断线，地窖里比较潮湿，也就不容易断，才能织出很好的棉布，加之地窖有冬暖夏凉的特点，冬天纺线织布时就像有着天然的暖气，浆过的线也不会被冻住，人干起活来也能伸开腰身；夏天地窖里又比较凉爽，更受青睐。

小张村庙宇众多，体现了村落民俗生活的另一种景象。

全村原有祠庙、楼阁、族谱碑、祖师庙、九顶莲花山 72 洞，莲花山西面还有金星庙和吕祖庙等历史遗存，现在沿街一线基本保存完好，这也为村民提供了较好的民间信仰空间。据了解，每逢初一或十五，村民便自发地去祖师庙前进行祭拜，有的还要择日祭拜祠庙。

参考文献

［1］山东省历史地图集编纂委员会.山东省历史地图集·古村镇（征求意见稿）
　　［M］.2009.

［2］山东省历史地图集编纂委员会.山东省历史地图集·古村镇（征求意见稿）
　　［M］.2010.

［3］中华人民共和国住房和城乡建设部.中国传统民居类型全集［M］.北京：中国
　　建筑工业出版社.2014.

［4］姜波.山东传统民居类型全集［M］.北京：中国建筑工业出版社.2015.

后记

传统村落是闲适的，是恬淡的，也是舒缓的。

在这里，百姓们春耕夏种，秋收冬藏，度过酷暑严冬；在这里，百姓们听林中鸟唱、塘中蛙鸣；在这里，一代代村民休养生息，婚丧嫁娶，创造着属于他们自己的信仰崇拜、伦理亲情、生活艺术，培养着他们自己的审美情趣……

这就是让我们魂牵梦萦的乡愁；

一个民族渗透在心灵中的传统；

一种穿透进精神深处的根脉。

留住家园，留住乡愁，不应当只是一部分专家学者的呼吁，而是我们这一代人的历史责任。

近年来，传统村落得到了前所未有的重视。2012 年，是中国传统村落保护的"元年"，国家四部委、局启动了对传统村落的调查与认定工作。截至 2022 年，已开展了六批中国传统村落名录认定工作。

十年弹指一挥间，很多优秀的传统村落得到了较好的保护和发展，焕发出新的生命活力，也带动了当地乡村经济的发展。

济南是一座历史悠久的文化名城，在济南周边散落着许多深受府城文化影响、历史文化底蕴深厚的传统村落，一座座传统村落因地域不同，形成了不同特色，构成了不同区域人们多姿多彩的村落文化和生活方式。每一个传统村落都是历史发展的重要见证者，村落中遗留的传统民居、宗祠庙宇、古树名木、石板小巷，以及体现村民们生活智慧的民俗文化等，无不从里到外刻下了这个村落不可复制的烙印，成为独一无二的村落标志。无论从村落历史、人文环境还是村落民俗生活和非遗传承上，济南市的传统村落都具有深厚的可供保护和研究的重要价值。

然而，正像全国各地传统村落的命运一样，在时代的急剧变迁中，济南市的一些传统村落亦不同程度地被改造、被废弃，村落中越来越多的老宅坍塌、损毁，很多具有几百年传承历史的民间手工艺、民间曲艺、民间娱乐等民俗文化，更是渐趋消亡。这些凝聚了千百年农耕文明和历史文化、维系着人们精神纽带的传统村落，应该如何保护和发展？他们的命运该走向何方？是亟待引起社会各界共同关注和思考的大问题。

2018 年起，为切实做好历史文化名镇名村及传统村落的保护工作，济南市住建部门启动了对传统村落的保护工作。我们与济南市住房和城乡建设委员会首次合作，选取了 20 个国家级和省级优秀传统村落，深入实地，用文字和相机记录下了这些传统村落中的古建筑、宗祠庙宇、民风民俗等，以图文并茂的形式，将济南市传统村落深厚的历史文化遗产呈现在读者面前。同时完成了《走进济南传统村落（一）》和《走进济南传统村落（二）》两部书作，受到广泛好评。倍受激励下，2022 年，我们在济南市住房和城乡建设局支持下，重启传统村落的调研工作，不仅增加了调研的村落数量，将济南市 20 余个国家级和 40 余个省级优秀传统村落悉数收录，还收录了 4 个历史文化名镇名村，并新增了大量手绘图和测绘图纸，结合原来的两本书作，以行政区划为单元，最终完成了《寻访济南传统村落·章丘篇》《寻访济南传统村落·莱芜篇》《寻访济南传统村落·长清篇》《寻访济南传统村落·南山平阴钢城篇》系列丛书。这也是我们对保护济南市优秀传统村落做出的实质性行动。

时至今日，《寻访济南传统村落》系列丛书调研和撰写工作已落下帷幕。五年来，我们克服种种困难，行走在传统村落的街巷村头，停留在村民们的屋前门后，盘膝而坐听村里老人讲述他们的艰辛建房、拜师学艺、中草药采集等渗透着喜怒哀乐的过往日常。每一个传统村落都是丰富多彩的，那些带着浓郁地方特色的黄米、花椒、大山里救命的中草药，一代代传承下来的生产生活民俗、戏曲传唱等，与朴实的乡民紧紧相依，在炊烟袅袅的乡土里孕育着百姓的日常。正是这带着烟火味道的日常，赋予了这些村落深厚的生命内涵，组成了我们民族的根脉。因此，保护传统村落，无疑就是保护我们民族的"根文化"。

在这条路上行走，我们倍感荣幸！

值本书付梓之际，首先感谢济南市委副书记杨峰对本课题给予的关怀和支持，在杨书记的关心下，本课题的后续工作得以顺利完成。感谢住建部中国传统村落专家指导委员会副主任委员、清华大学建筑学院教授罗德胤对济南传统村落的长期关注，感谢济南市住房和城乡建设局长期以来对本课题给予的支持，感谢山东建筑大学学校领导祖爱民副书记、宋伯宁副校长对我们的研究工作长期给予的支持。感谢各县区、乡镇街道办事处住建部门工作人员在调查时给予的热情帮助，并无私地提供各种资料，以及众多热心村民的大力协助。他们才是乡村建设的第一主人，正是他们对乡村和家乡的深深热爱也激励着我们不断前进的脚步。感谢刘东涛、黄鹏及张荣华拍摄团队等志同道合的同仁、好友陪同我们一起走村串乡，更感谢参与村落调查的贺伟、董青峰、韦丽、李潇爽等同仁和周博文、仇玉珠、冯传森、张林旺、黄萍、薛鑫华、柳琦、王琦、李春、徐敏慧、何静、许鑫泽、刘李洁、骆思宇等各位同学，和你们一起进行田野调查的日子是永远美好的记忆。最后，感谢山东画报出版社，在他们的支持下，本套丛书得以顺利出版，特别是于滢编辑认真负责，反复斟酌版面设计，力求将济南优秀传统村落全新的面貌呈现出来。

　　本书照片绝大多数是参与调查的老师和同学所拍摄，书中所用规划图由各基层建委提供，未再一一标注，在此一并表示感谢。受时间和经验所限，我们深知对一个村落的解读单单依靠这些还远远不够，村落里那些宝贵的营造技艺、中草药、乡村特产、民风习俗等仍有待挖掘。希望以本书出版为契机，进一步加强对乡村文化的提炼总结，保护传承，转化创新。同时能团结更多热爱关心传统村落发展的同仁，共同把济南传统村落的研究工作推上更新的高度！

住建部传统民居保护专家委员会委员
山东建筑大学齐鲁建筑文化研究中心主任、教授